国家汉语国际推广领导小组办公室规划教材项目

中级汉语阅读教程

(Ⅰ)

周小兵　张世涛　主编
张世涛　刘若云　编著

图书在版编目(CIP)数据

中级汉语阅读教程(I)/ 周小兵，张世涛主编；张世涛，刘若云编著. —北京：北京大学出版社，1999.1

ISBN 978-7-301-04013-3

Ⅰ.中… Ⅱ.①周… ②张… ③张… ④刘… Ⅲ.汉语-对外汉语教学-教材 Ⅳ.H195.4

中国版本图书馆 CIP 数据核字(98)第 39727 号

书　　　名：中级汉语阅读教程(I)
著作责任者：周小兵　张世涛　主编
责 任 编 辑：吕幼筠
标 准 书 号：ISBN 978-7-301-04013-3/H·0436
出 版 发 行：北京大学出版社
地　　　址：北京市海淀区成府路 205 号　100871
网　　　址：http://www.pup.cn
电　　　话：邮购部 62752015　发行部 62750672　编辑部 62752028　出版部 62754962
电 子 邮 箱：zpup@pup.pku.edu.cn
印　刷　者：北京大学印刷厂
经　销　者：新华书店
　　　　　　787 毫米×1092 毫米　16 开本　16.25 印张　420 千字
　　　　　　1999 年 1 月第 1 版　2011 年 11 月第 12 次印刷
定　　　价：40.00 元

未经许可，不得以任何方式复制或抄袭本书之部分或全部内容。
版权所有，侵权必究　举报电话：010-62752024
　　　　　　　　　　电子邮箱：fd@pup.pku.edu.cn

目　　录

编写说明	1
第一课	1
一、技能　　快速阅读介绍	1
二、阅读训练　阅读1　中国古代辉煌的科学技术	4
阅读2　印错的美元	6
阅读3　城市电话号码	7
阅读4　人民币汇价表	8
第二课	10
一、技能　　猜词之一：偏旁分析（一）	10
二、阅读训练　阅读1　中国寺院建筑的布局	12
阅读2　中山装的来历	14
阅读3　赤道雪峰——乞力马扎罗山	15
第三课	17
一、技能　　猜词之一：偏旁分析（二）	17
二、阅读训练　阅读1　山水画和小鸟	19
阅读2　大部分台湾人的祖先是明清时代从福建移居到台湾的	20
阅读3　中国——茶叶的故乡	21
阅读4　北京吉普车	22
第四课	24
一、技能　　猜词之一：偏旁分析（三）	24
二、阅读训练　阅读1　韩国的"年轻老人"	26
阅读2　毛泽东的儿子毛岸青	27
阅读3　悠闲就是快乐	28
第五课	31
一、技能　　猜词之一：偏旁分析（四）	31
二、阅读训练　阅读1　特别的车牌——"HK1997"	33

		阅读 2	高血压患者要少说话	34
		阅读 3	节约水资源和少吃牛肉	35
		阅读 4	京剧的来源	36

第六课 ······ 38
一、技能　　猜词之二：通过语素猜词（一） ······ 38
二、阅读训练　阅读 1　几则法规 ······ 39
　　　　　　　阅读 2　早期的自行车 ······ 41
　　　　　　　阅读 3　长城的另一个作用 ······ 41
　　　　　　　阅读 4　伦敦的出租汽车 ······ 43

第七课 ······ 45
一、技能　　猜词之二：通过语素猜词（二） ······ 45
二、阅读训练　阅读 1　1997年5月31日《广州日报》栏目 ······ 46
　　　　　　　阅读 2　北京首都国际机场《航班时刻表》目录 ······ 47
　　　　　　　阅读 3　《欧美作家词典》目录 ······ 48
　　　　　　　阅读 4　常德城 ······ 49

第八课 ······ 52
一、技能　　猜词之二：通过语素猜词（三） ······ 52
二、阅读训练　阅读 1　《家庭日用大全》目录 ······ 53
　　　　　　　阅读 2　《美国旅游便览》目录 ······ 54
　　　　　　　阅读 3　《汉语900句》目录 ······ 55
　　　　　　　阅读 4　卡拉OK在意大利 ······ 56

第九课 ······ 58
一、技能　　猜词之二：通过语素猜词（四） ······ 58
二、阅读训练　阅读 1　《日本人》目录 ······ 59
　　　　　　　阅读 2　徐福与日本人 ······ 60
　　　　　　　阅读 3　"狗不嫌家贫"和"子不嫌母丑" ······ 62
　　　　　　　阅读 4　冒充土著人的澳大利亚白人作家 ······ 63

第十课 ······ 65
　　单元复习 ······ 65

第十一课 ······ 74

一、技能　猜词之三：简称（一）	74
二、阅读训练　阅读 1　中国国民党第一次全国代表大会旧址	76
阅读 2　限制中学生的发型	77
阅读 3　菩萨在中国	78
阅读 4　"购物天堂"香港	80

第十二课 82
一、技能　猜词之三：简称（二）	82
二、阅读训练　阅读 1　我与文学	84
阅读 2　"春城"昆明	86
阅读 3　征婚启事	87

第十三课 90
一、技能　猜词之四：词语互释（一）	90
二、阅读训练　阅读 1　中国服装与世界先进水平的差距	91
阅读 2　北京的饮食	92
阅读 3　中国的贫困人口	94
阅读 4　昆明的雨	95
阅读 5　火车时刻表	96

第十四课 98
一、技能　猜词之四：词语互释（二）	98
二、阅读训练　阅读 1　《清明上河图》	99
阅读 2　九寨沟旅游须知	101
阅读 3　北京汽车市场价格表	102
阅读 4　几则书目	103

第十五课 105
一、技能　猜词之四：词语互释（三）	105
二、阅读训练　阅读 1　云南"过桥米线"	106
阅读 2　毛延寿和王昭君	108
阅读 3　中国人口统计	110
阅读 4　股票信息	111

第十六课 112
| 一、技能　猜词之五：通过上下文推测生词（一） | 112 |

二、阅读训练　阅读 1　可食餐具 …………………………………………………… 113
　　　　　　　阅读 2　扇子语 ……………………………………………………… 114
　　　　　　　阅读 3　饮食应少肉多鱼 ……………………………………………… 115
　　　　　　　阅读 4　比尔先生 …………………………………………………… 116
　　　　　　　阅读 5　妈妈喜欢吃鱼头 …………………………………………… 117

第十七课 …………………………………………………………………………… 120
　一、技能　猜词之五：通过上下文推测生词（二）…………………………………… 120
　二、阅读训练　阅读 1　电视节目预告 …………………………………………… 122
　　　　　　　阅读 2　几岁学电脑好 ……………………………………………… 123
　　　　　　　阅读 3　广州人印象 ………………………………………………… 124
　　　　　　　阅读 4　送书的故事 ………………………………………………… 125
　　　　　　　阅读 5　麻婆豆腐的传说 ……………………………………………… 127

第十八课 …………………………………………………………………………… 129
　一、技能　猜词之五：通过上下文推测生词（三）…………………………………… 129
　二、阅读训练　阅读 1　'97张学友广州演唱会 ………………………………… 131
　　　　　　　阅读 2　钓鱼的最佳时间 …………………………………………… 132
　　　　　　　阅读 3　"退稿"的启示 ……………………………………………… 132
　　　　　　　阅读 4　送礼送出问题 ……………………………………………… 134
　　　　　　　阅读 5　金子 ……………………………………………………… 136

第十九课 …………………………………………………………………………… 138
　一、技能　猜词之五：通过上下文推测生词（四）…………………………………… 138
　二、阅读训练　阅读 1　房屋租售广告 …………………………………………… 139
　　　　　　　阅读 2　动物节能 …………………………………………………… 140
　　　　　　　阅读 3　勤用脑，防衰老 …………………………………………… 141
　　　　　　　阅读 4　张太太的英语角 …………………………………………… 142
　　　　　　　阅读 5　尴尬的新品种西瓜 ………………………………………… 144

第二十课 …………………………………………………………………………… 146
　单元复习 ……………………………………………………………………………… 146

第二十一课 ………………………………………………………………………… 154
　一、技能　句子理解之一：压缩句子（一）…………………………………………… 154
　二、阅读训练　阅读 1　1997年4月1日广州市菜篮子价格 …………………… 156

阅读 2	能用汽车搬运的直升飞机	157
阅读 3	温馨的老妇	157
阅读 4	奇妙的生物共存——鱼类的圣殿	159
阅读 5	我不再羡慕	161

第二十二课 164
- 一、技能　句子理解之一：压缩句子(二) 164
- 二、阅读训练
  - 阅读 1　食物营养之最 166
  - 阅读 2　化纤的危害 167
  - 阅读 3　生活方式引起都市病 168
  - 阅读 4　第一个吃西红柿的人 169
  - 阅读 5　李时珍著《本草纲目》......171

第二十三课 173
- 一、技能　句子理解之二：抽取主干(一) 173
- 二、阅读训练
  - 阅读 1　1996年第7期《读者》目录 175
  - 阅读 2　《经济快报》招聘英才 176
  - 阅读 3　荷兰人怎么样才能种上美丽的郁金香 177
  - 阅读 4　两岁女孩升上天 177
  - 阅读 5　宴请朋友的方法 179

第二十四课 181
- 一、技能　句子理解之二：抽取主干(二) 181
- 二、阅读训练
  - 阅读 1　中国一日知多少 182
  - 阅读 2　海鸟是怎样发现食物的 183
  - 阅读 3　"第七营养素" 184
  - 阅读 4　马兰和余秋雨 185
  - 阅读 5　请热爱你的工作 186

第二十五课 189
- 一、技能　句子理解之二：抽取主干(三) 189
- 二、阅读训练
  - 阅读 1　外国人对中国产品的评价 190
  - 阅读 2　中国国道的数量和编号 191
  - 阅读 3　南京十多位普通百姓自费做录音带 192
  - 阅读 4　《家庭》杂志谈心栏目　读者来信及主持人的回信 194

第二十六课 197
一、技能　句子理解之三：抓关键词及关键标点符号 197
二、阅读训练　阅读1　神秘的圣女眼 198
　　　　　　　阅读2　服用维生素制剂并非有益无害 199
　　　　　　　阅读3　正月初二回娘家 201
　　　　　　　阅读4　小鸟和水手 203

第二十七课 205
一、技能　句子理解之四：抓关联词语（一） 205
二、阅读训练　阅读1　传真机走进普通家庭 207
　　　　　　　阅读2　代客哭笑 208
　　　　　　　阅读3　琳琳的帽子 209
　　　　　　　阅读4　中国的照相迷 210

第二十八课 213
一、技能　句子理解之四：抓关联词语（二） 213
二、阅读训练　阅读1　四母女同生日 214
　　　　　　　阅读2　冬虫夏草 216
　　　　　　　阅读3　生命在于奉献——电视连续剧《猴娃》观后 217
　　　　　　　阅读4　请母亲吃饭 218

第二十九课 221
一、技能　句子理解之四：抓关联词语（三） 221
二、阅读训练　阅读1　花香治病 223
　　　　　　　阅读2　《月球之谜》简介 224
　　　　　　　阅读3　自行车王国 225
　　　　　　　阅读4　集邮 228

第三十课 230
　　单元复习 230

部分练习参考答案 238
词汇总表 243
后　记 250

编写说明

一、教学目的与教学对象

阅读是现代社会人们获取知识的基本途径,而在第二语言的学习中,阅读训练是全面提高目的语交际技能的重要手段。

本教材的教学对象是把汉语作为第二语言来学习的外国学生或中国少数民族学生。准确地说,是在全日制学校学过一年(大约 800 个学时)汉语的学生,基本学过《汉语水平词汇等级大纲》的甲、乙级词,汉语水平考试达到三级。

教学目的是通过学习和训练,切实提高学生的阅读技能和水平。跟一般的中级汉语教材或精读教材不同,本教材并不特别注重语言知识的学习,而是注重言语交际技能的掌握;在言语交际技能中,不是面面俱到,而是把侧重点放在阅读技能的掌握上。作为学习本教材的结果,应该是阅读技能的掌握和相应的阅读水平的提高。所谓阅读水平的提高,具体来说,就是阅读速度的加快,阅读理解率的提高。比如说,同样长度难度的文章,以前要读 10 分钟,只能理解一半;学过本教材之后,阅读只要 5 分钟,理解率达到 90%。

二、教材特点

本教材的特点是:

1. 以提高阅读技能为纲,兼及阅读类别,编排课文内容。阅读技能包括:猜词、句子理解、段落理解、全文大意概括、抓标志词、预测、扩大视幅、组读,等等。阅读类别包括:眺读,浏览目录、题目,选定进一步阅读的内容;查读,在语料(如列车时刻表)中选取有用的信息(如某次列车的时间等);略读,抓语料的中心和大概内容;通读,全篇阅读;评读,阅读时对内容进行分析、判断和评价。目的是提高学生的实际阅读能力和水平。

2. 以交际性、实用性为选材标准,注重语料题材和体裁多样化。注重当代性,语料及词语、句式、结构、文章风格等在当代交际生活中通用;注重可读性,使学生在学习中保持兴趣。语料既有一般性的文章,如通讯报道、故事、游记、幽默笑话、生活小品、科普文章、散文、论文等,又有实用性语料,如各类广告、时刻表、影视节目表、地图及旅游图、电话簿、指南等。目的是让学生接触并熟悉生活中可能遇到的各类语料,提高学生对这些语料,尤其是实用性语料的阅读能力。

3. 以《汉语水平词汇与汉字等级大纲》和汉语水平考试作为参照点,安排调整课文的难度,控制生词的出现与重现,设计练习的类型。生词以丙级词为主,并有少量丁级词和超纲词。拼音轻声不标声调,"一"和"不"标原调。练习着重测试学生的阅读水平,具体来说,就是测试学生掌握各种阅读技能的情况、阅读的速度及阅读理解率。相应地,通过本教材的学习,能大大提高汉语水平考试阅读理解部分的应试能力。

三、教材内容和教学方式

本教材一共60课,分别介绍通读、眺读、查读、略读、评读等阅读方式,猜词、句子理解、段落理解、全文大意概括、抓标志词、预测、扩大视幅、组读等阅读技能,最后还专门介绍说明文、议论文、新闻、散文等文体的阅读技巧。

每课包括两大部分:技能和阅读训练。其中技能部分包括技能讲解、技能练习两部分,即教学时先给学生讲解有关的阅读技能,然后针对这一技能做相应的技能练习;阅读训练则主要是真实的语料,要求进行跟实际交际基本相同的阅读训练。

在进行阅读训练时,生词最好等做完练习后再学,以便在阅读时进行猜词技能的训练。练习要按照要求进行,分三种类型:(1)阅前练习,即先看练习,根据练习提出的问题看课文,边看边回答练习中的问题;(2)阅后练习,即先阅读课文,后看练习,然后回答练习中的问题;(3)阅际练习,即边看课文边做练习。

教材分Ⅰ、Ⅱ两册,Ⅰ册的阅读语料相对短一些,难度低一些;Ⅱ册的语料相对长一些,难度高一些。为了在实际教学中容易操作,每一课的内容安排长度适中,要求在两个学时学完。

第一课

一、技　　能

快速阅读介绍

提高阅读速度又不降低理解率是当今外语教学研究的重要课题。快速阅读要求在较短的时间用较快的速度阅读大量的文字材料。研究结果证明,快速阅读的能力是可以通过训练获得的。外语教学界对此早已形成共识。

影响阅读速度的一个重要原因是心理障碍,只要克服了心理障碍,阅读速度是可以通过训练得到较快提高的。

快速阅读按方式和目的,可以分为四类:

(一) 通读

通读就是把文字材料快速地通览一遍,要求既能抓住文章的中心意思,又能掌握比较重要的细节;既能明确文章的脉络,又能理解具体的描述;既能明白作者的观点,又能把握作者的态度。

通读在快速阅读中运用得最广泛,它同时也是其他快速阅读形式的基础。因此,它是快速阅读训练的重点。下面是一个很有名的故事,说的是宋朝文学家王安石严肃的写作态度。

一年春天,宋朝文学家王安石去南京。晚上,船到了与京口隔江相望的瓜洲,这里离南京已经不太远了。这时船靠码头,他站在船头,望着月光下的江水和远处的青山,心中更加思念南京钟山脚下的亲人。他走进船舱,拿出纸笔,写下了一首叫《泊船瓜洲》的诗:

京口瓜洲一水间,钟山只隔数重山。

春风又到江南岸,明月何时照我还。

写完后,他觉得"春风又到江南岸"的"到"字太死板,看不出春天江南的景象,缺乏诗意。想了一会儿,他又提笔把"到"改成"过","过"比"到"要生动一些,但后来他又觉得"过"也不好,于是他把"过"划掉,换成了"入"字。春风已入江南,游子何时还乡,他感到"入"字似乎能表达他的感情。他反复吟诵着这首诗,又觉得不太满意,因为"入"字还是看不到江南春天的景象。考虑了一阵之后,他又把"入"字换成了"满"字。吟诵之后,又觉得"满"字缺乏色彩,读了以后不能给人以回味,于是又把"满"字圈掉。这样改来改去,还是没有找到合适的字,他有些头疼,就放下笔走出了船舱。

在船头,春天的江风轻轻地吹来,他感到无限舒畅。他闭上了眼睛,这时,眼前出现了图画般的春天景象:小草青青,大地一片翠绿。他忽然想到唐朝诗人王维的一首诗:"春草明年绿,王孙归不归?""对了,就是它!"王安石高兴地叫了起来。"我现在的心情和春天的景象不正好可以用一个'绿'字表达出来吗?"想到这里,他赶紧跑进船舱,另外拿出一张纸,把这首诗又抄了一遍。为了突出他这个得来不易的"绿"字,他特地把这个"绿"字写得很大,显得十分醒目。

就这样,一个"绿"字使全诗大为生色,整首诗都活了。后来,人们在谈到修改文章时,常常引用王安石的这个例子。

如果我们要详细了解王安石在什么背景下写诗,如何把原来诗中的"到"字改成了"绿"字,以及文章的语言风格等具体细节,就必须采用通读的方式。

(二) 略读

略读就是把文章粗略地读一遍,要求看懂文章的中心意思、大概内容和整体脉络。如果说通读要求一字字读,略读则要求一目十行。

生活中许多材料只要看个大概就行了。即使很有价值的东西,往往也是先用略读的方法扫一遍,看到了价值所在,再通读或慢慢细读。如果碰上不重要的东西,略读一遍就行了。在略读训练时,一般要求先看原始资料,再看问题并回答。重点是抓中心思想和大段落的主要内容,细节一般都略去不管。例如下面这篇短文:

太极拳是我国传统的体育项目,很早以前就在民间流传。实践证明,太极拳是一种良好的健身与预防疾病的手段,它还是辅助治疗多种疾病的好方法,并确有一定疗效。一项医学统计表明:在同年龄的老人中,经常打太极拳的比不打太极拳的在身体状况的各方面都好得多。

练习太极拳除活动全身多个关节、肌肉群外,还要配合均匀的呼吸。另外,打太极拳还特别要求心静,注意力集中,这又对大脑活动有良好的锻炼作用。所以,太极拳是一项能有效锻炼身体各种机能的医疗体操。

太极拳的动作比较柔和,年轻力壮者可以打,年老体弱者也可以打,因此各种年龄、体质的人都可以进行锻炼。

通过略读我们可以知道文章的中心思想就是:打太极拳是一种良好的健身与预防疾病的方法,而且什么人都适合。至于具体原因,我们可以通过略读来了解。

（三）眺读

眺读主要用于翻阅书刊目录，浏览报纸题目等。目的是为了了解书刊报纸的大概内容，寻找可读的篇目或文章。

眺读在生活中运用很广泛。在时间有限的情况下，拿到一份读物时往往先看目录或浏览标题，寻找自己想看的文章在哪里，如：书的第几页，报纸的第几版或某一版的某一部分等。

这是《中国文化精华》一书的目录，我们通过浏览目录就可以知道这本书的大概内容，可以确定哪些内容可能正是我们想进一步阅读和了解的。如：我们想了解篮球运动什么时候传入中国，就可以看"23.体育"；想知道古时候人们怎么结婚，就可以看"5.婚姻"；想知道长江、黄河的发源地在哪儿，就可以看"2.地理"。

1.历史	2.地理	3.天文	4.民族	5.婚姻
6.姓名	7.皇帝	8.法律	9.战争	10.教育
11.宗教	12.饮食	13.园林	14.工艺	15.农业
16.商业	17.交通	18.语言	19.报刊	20.文学
21.戏曲	22.科学	23.体育	24.节日	25.书画

（四）查读

查读就是有目的地在大量文字资料中迅速查找某些有用的信息。此类文字资料大体分为两类：一类是不成文章的资料，如各类的时间表、号码簿、名单、菜单、地图、指示图等；另一类是成文的资料，如通知、告示、广告以及一般的通讯报道和文章等。

查读的这两类资料与日常生活密切相关。训练时一般也是先给问题，让学生带着问题去查找有关资料。查读时无需从头至尾通读。一般要求眼睛做大范围的扫视，只在有用的地方停顿，抓住那些你想了解的信息，如时间、地点、价格、号码或相关的数据，其他的一概不用看。

下面这张表所列的是北京、上海、沈阳、广州、成都五个城市中，其他各个地方的人所占的比例。若要知道"五个城市中，哪个城市的本地人最少？"目光扫视序号"1"行，很容易就能发现北京人在北京的总人口中仅占"70.4%"，是最少的；若要知道"除了上海以外，上海人在哪个城市占的比例最大？"目光注意"上海"二字，可以发现上海只在"北京"一栏中出现，可以确定是"北京"；若要知道"除了广东人以外，哪两种外地人在广州占的比例最大？"只要看"广州"一栏，很容易就能发现是"湖南"、"北京"。

	北京	上海	沈阳	广州	成都
1	北京 70.4%	上海 86.7%	辽宁 88.7%	广东 90.3%	四川 93.0%
2	河北 8.6%	江苏 6.5%	山东 2.8%	湖南 1.4%	浙江 1.5%
3	山东 3.3%	浙江 2.8%	黑龙江 2.0%	北京 1.1%	山东 0.6%
4	辽宁 1.9%	安徽 0.9%	河北 1.6%	四川 0.8%	河北 0.6%
5	上海 1.8%	山东 0.7%	吉林 1.2%	海南 0.8%	北京 0.6%
6	其他 14.4%	其他 2.4%	其他 3.8%	其他 5.6%	其他 3.7%

下面是一篇介绍电脑历史的文章,如果我们仅仅想知道世界上第一台电脑出现的时间、欧洲第一台电脑诞生的地点、当时电脑的重量和体积等,只要扫视文章,找到"1944 年"、"英国剑桥大学"、"重 30 吨,占地 150 米^2"等处就行了。

世界上第一台电脑出现于 40 年代。当时,美国、英国和德国的科学家们几乎同时认识到电脑的重要性并开始研究。但是,由于是第二次世界大战时期,这些研究都是秘密的。

1944 年,哈佛大学的研究人员在 IBM 公司的支持下,研制出第一台叫"MARK—I"的计算处理机器,做一次乘法运算需要 5 秒钟。1946 年,宾州大学研制成功第一台大型计算机 ENICA,它 1 秒钟可以做 300 次乘法运算。不久,欧洲第一台电子计算机 EDSAC 在英国剑桥大学诞生。1948 年,英国的曼彻斯特大学研制出 MANCHESTER MARK—I,后来发展成世界上第一部供用户使用的商用电脑。

早期的电脑笨重、庞大、耗电,而且很容易损坏。如 ENICA,它重 30 吨,占地 150 米^2,耗电量超过 150 千瓦。

上面讲了快速阅读的四种基本方法。在实际阅读中,这四种方法往往是交替使用的。如先通过眺读找出体育版报道某场足球赛的文章,再用查读找出比赛结果。如果时间允许的话,也可以在眺读之后用通读的方法快读全文,了解比赛的大概情况,如比分和进球,包括进球的某些细节。

二、阅读训练

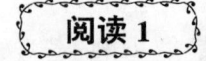
阅读 1

中国古代辉煌的科学技术

中国是世界四大文明古国之一,有几千年的悠久历史,在科学技术的发展上也创造了辉煌的成就。其中,火药、指南针、造纸术、印刷术这

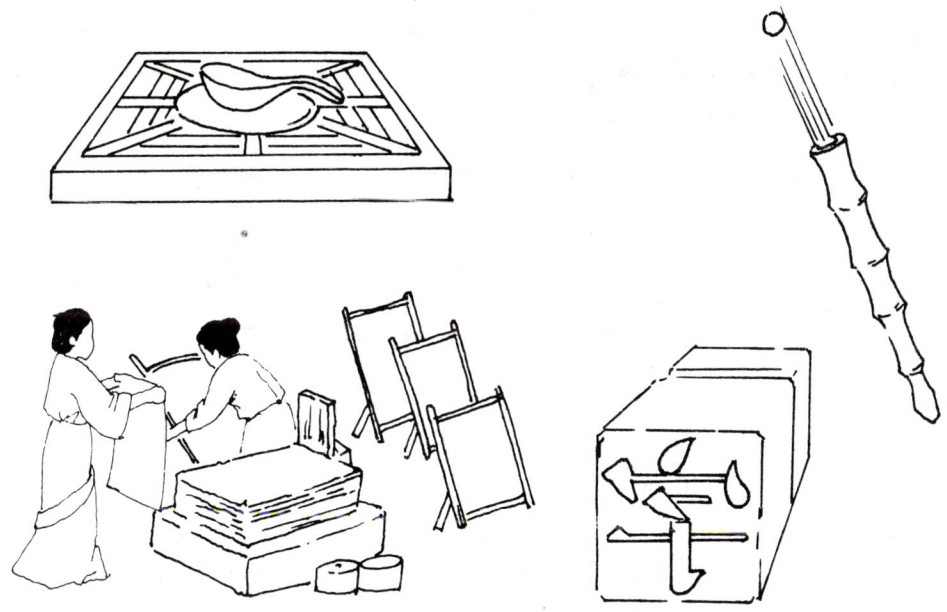

四大发明对整个人类的进步都产生了深远的影响。英国著名科学史研究专家李约瑟博士在他的巨著《中国科学技术史》中,用了许多例子来说明中国古代的发明对现代科学的贡献。

除了四大发明以外,重要的还有:医学、天文学、物理学、数学以及纺织、陶瓷、建筑技术等。

李约瑟先生说:"中国的科学和技术,在3～13世纪时在全世界都是最先进的,没有国家可以和它相比。"但是,13世纪以后,中国的科学技术就逐渐落后了。

(根据《大不列颠少儿科技小百科》改写)

选择正确答案

1. 除了中国以外,世界上还有几大文明古国:
   A. 四个   B. 五个   C. 两个   D. 三个
2. "四大发明"不包括:
   A. 丝绸   B. 火药   C. 造纸术   D. 指南针
3. 李约瑟博士是著名的:
   A. 文学家   B. 科学家   C. 科学史家   D. 发明家
4. 中国古代的发明对现代的科学技术:
   A. 起了作用   B. 没有起作用   C. 基本上没有什么作用   D. 没有说

5. 在本文中,哪一种技术没有说?
   A. 医学   B. 纺织   C. 航海   D. 物理
6. "……,没有国家可以和它相比"的意思是:
   A. 中国没有跟别的国家比较   B. 别的国家不愿意跟中国比
   C. 中国的水平比其他国家高   D. 其他国家的水平比中国高
7. 中国古代的科学技术:
   A. 13世纪以前不太先进   B. 3世纪以后一直是全世界上最先进的
   C. 13世纪以后在全世界上最先进   D. 13世纪以后就落后了

生　词

辉煌　huīhuáng　(形)　brilliant　光辉灿烂。
火药　huǒyào　(名)　gunpowder　炸药的一类。
指南针　zhǐnánzhēn　(名)　compass　利用磁针指示方向的一种仪器,磁针受地磁的吸引,总是指着南方。
天文学　tiānwénxué　(名)　astronomy　研究天体结构、形态、分布、运行和演化的学科。如有关太阳、月亮的知识等。

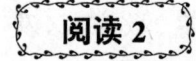

印错的美元

美国财政部官员对新闻界公布:他们发现有一批百元美钞印错了,票面金额至少达到460万美元。

财政部官员说,这些印错的美元的防伪线与水印的位置刚好左右颠倒了。导致这一错误的原因是一家供应印钞纸的公司把纸上的一个重要标志弄错了。

据说,还有一部分印错的百元钞票仍在社会上流通,到底有多少不清楚。有人认为,这些钞票对收藏者来说很有价值。

(根据《羊城晚报》1997年3月30日文章改写)

判断正误

(　　)1. 美国一家印钞公司把钞票的数字印错了。
(　　)2. 不太清楚有多少印错的钞票还在流通。

(　　)3. 印错钞票的主要原因是财政部把一个重要标记弄错了。

生　词

美钞　měichāo　（名）　美国的钞票。也叫美元、美金。
金额　jīn'é　（名）　钱的数量。
防伪线　fángwěixiàn　（名）　钱币等物品中用来防止伪造、辨别真假的一条线。
水印　shuǐyìn　（名）　watermark　在造纸的时候用特殊方法制成的一些图像、文字，造币者
　　　　　　　　　　　　　 把它应用在钱币上，用它来帮助防止伪造和判断真伪，如人民币中的
　　　　　　　　　　　　　 五角星和人物头像。
颠倒　diāndǎo　（动）　上下、左右、前后等的位置或方向与原来的相反。如把应该在上边的
　　　　　　　　　　　　东西放在了下边，把应该在下边的东西放在了上边。
收藏者　shōucángzhě　（名）　特别留意去收集某一类东西的人。如收集邮票、钱币等的人。

阅读 3

城市电话号码

请按要求找到你需要的电话号码

1. 你想知道银行的工作时间，第____页。
2. 你想知道什么东西可以带出境，第____页。
3. 你想订一张飞机票，第____页。
4. 你想在餐厅订一张桌子，第____页。
5. 你想知道有关大学的情况，第____页。
6. 你住的房子没有水了，第____页。
7. 你想知道另外一个国家或城市的电话号码，第____页。
8. 你想知道一场电影的票价和放映时间，第____页。
9. 你的宿舍着火了，第____页。

电话使用说明	………… 1	人民团体	………… 12
邮电管理规定	………… 3	公安局	………… 16
紧急电话号码	………… 4	检察院	………… 17
（火警、匪警、急救中心）		法院	………… 18
电信局查询号码	………… 4	海关	………… 19
党政机关	………… 5	税务局	………… 20

工商管理局	25	大专院校	66
邮局	27	中学	75
煤气公司	28	小学	82
供电局	29	托儿所	98
自来水厂	30	幼儿园	122
汽车公司	31	中国公司	136
民航	33	外国公司	250
铁路	35	银行	273
码头	38	商店	324
园林局	42	文艺团体	361
旅社、宾馆	43	体育机构	368
餐厅	56	影剧院	370
医院	62	书店	373
教育局	64	工厂	379

(摘自《广州市电话号码簿》)

生　词

紧急　jǐnjí　（形）emergency　必须立刻采取行动、不容许拖延的。
急救　jíjiù　（动）紧急抢救。
查询　cháxún　（动）inquire about　查问。
团体　tuántǐ　（名）有共同目的、志趣的人所组成的集体。

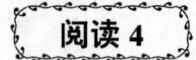

人民币汇价表

判断正误

1. （　）一百日元比一百人民币值钱。

2. （　）一百美元比一百德国马克值钱。

3. （　）一百澳大利亚元不如一百法国法郎值钱。

4. （　）一百英镑比一百港元值钱。

5. （　）一百人民币的价值跟一百澳门元差不多。

1997年5月14日

货币名称	买入价	卖出价	现钞价
一百英镑兑人民币	1351.05	1356.47	1319.91
一百港元兑人民币	106.920	107.350	104.460
一百美元兑人民币	828.040	830.520	808.550
一百德国马克兑人民币	489.570	491.040	478.050
一百法国法郎兑人民币	145.250	145.830	141.900
一百日元兑人民币	6.99860	7.02670	6.83730
一百澳大利亚元兑人民币	642.110	644.680	627.310
一百澳门元兑人民币	103.470	103.080	101.080
中国银行北京分行提供			

（摘自1997年5月14日《经济日报》）

生　　词

值钱　zhíqián　（形）　costly;of value　价值高；有价值。
汇价　huìjià　（名）　exchange rate　一个国家的货币兑换其他国家货币的比例,也叫汇率。
货币　huòbì　（名）　钱。
兑　duì　（动）　换。

第二课

一、技　　能

猜词之一：偏旁分析（一）

汉字是一种非常优美和充满魅力的文字，它不仅是世界上最古老的文字，也是世界上惟一一种几千年以来一直保持着完整体系、绵延不断的文字。相对于世界上普遍使用的拼音文字，汉字的确难认、难学、难写，这给我们学习汉语增加了很多困难。但是，学好汉字是完全有可能的，因为汉字虽然很多，但我们今天一般常用的只有三千多个，而且大多数汉字都可以按照几种有限的造字方法去分析，有很强的规律性。如果我们掌握了这些规律，对我们认识和理解汉字会有很大的帮助。

形声字是汉字中数量最多的字，而且它是汉字发展的主流。在甲骨文中它占了28%，到了金文它就占到了80%，在现在常用汉字中，它占到了90%。所谓形声字就是由形旁加声旁组成的字。形旁又叫义符，表示着这个字的意义，例如"氵"就表示和水有关系，"心"、"忄"就表示和心理活动有关；声旁又叫声符，是表示这个字的读音，例如"阁"、"格"、"搁"、"胳"这几个字中的"各"就是声旁。当然，汉字经过几千年的发展，有些形旁和声旁都变得不太准确了，但它仍然可以帮助我们学习和掌握汉字，提高阅读水平。

形旁在左边、上边、外边居多，而声旁以在右边、里边居多。当然也有例外。请看下面的例子：

1. 氵——常常表示和水有关系：江、河、汗
2. 讠——常常表示和语言有关系：语、说、话
3. 木——常常表示和树木有关系：林、柏、松
4. 月——常常表示和身体器官有关系：背、肚、脚
5. 饣——常常表示和饮食有关系：饼、饿、饥
6. 贝——常常表示和金钱、财产有关系：费、贵、贫
7. 扌——常常表示和手有关系：提、拉、扔
8. 心、忄——常常表示和心理活动有关系：想、急、恨
9. 灬——常常表示和火有关系：热、煎、蒸

> 练习

写出有这个形旁的字,每个形旁写三个字

氵　　　讠　　　木　　　月　　　钅

心　　　灬　　　冫　　　贝　　　扌

请选择下面这段话说的是哪个词

1. 把东西放在有水的锅里烧。
   A. 洗　B. 煮　C. 拌　D. 画
2. 上级吩咐下级。
   A. 仔细　B. 关心　C. 谕知　D. 积极
3. 人从肩膀到手以上的部分。
   A. 胳膊　B. 把手　C. 打手　D. 扛
4. 食物由于坏了而发出酸臭的味道。
   A. 尝　B. 俊　C. 馊　D. 酌
5. 给别人钱财,让他们为自己做事。
   A. 贿赂　B. 豺狼　C. 线索　D. 买办
6. 用手把软东西弄成一定的形状。
   A. 汰　B. 研　C. 捏　D. 调
7. 淹没在水里。
   A. 捕　B. 溺　C. 雹　D. 炒
8. 用来烧火的树枝、杂草等等。
   A. 复杂　B. 柴火　C. 繁杂　D. 皮革
9. 因为自己有缺点,做错了事情而感到不安。
   A. 残酷　B. 回避　C. 减少　D. 惭愧

选出与划线部分意思接近的项

1. 她看到妹妹比自己漂亮那么多,就妒忌起来。
   A.(因为别人比自己好)笑　　B.(因为别人比自己好)不高兴
   C.(因为别人比自己好)哭　　D.(因为别人比自己好)跳

2. 他常常有一些谬论。
   A. 非常错误的说法   B. 轮胎   C. 讨论   D. 奇怪的感觉

3. 他在那个饭店可以赊账。
   A. 在饭店里唱歌   B. 暂时不付钱,以后再付
   C. 在饭店里呆很长时间   D. 把朋友介绍给老板认识

4. 那个小女孩很馋。
   A. 聪明   B. 可爱   C. 做事不认真   D. 爱吃东西

5. 种子在播种以前要先浸泡一天。
   A. 扫帚   B. 包扎   C. 放在水里   D. 侵略

6. 他把那个花卷蒸了蒸。
   A. 看了一下   B. 用刀切碎后扔掉了
   C. 放在有水的锅里加热   D. 把糖水倒在上面

7. 那片白杨真漂亮。
   A. 一种鲜花儿   B. 飘扬的旗帜   C. 白色的建筑   D. 一种树

8. 他发现自己的肺有点问题。
   A. 想法   B. 身体的一个部分   C. 卫生间的电扇   D. 孩子的学习方法

9. 他把掉在小洞里的一粒豆抠了出来。
   A. 用手挖   B. 用水冲   C. 想办法   D. 告诉别人拿

二、阅读训练

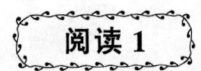

中国寺院建筑的布局

中国寺院建筑一般分为依山式和平川式两种,寺院布局则分为石窟寺和塔庙两种。

石窟寺是仿照印度的样式依山建造,大佛、菩萨都雕刻在石窟中,如著名的甘肃敦煌石窟、山西云冈石窟、河南龙门石窟。石窟寺的建筑形式前后流行了五六百年,唐朝达到顶峰,宋朝以后就走下坡路了。

塔庙开始时也是参照印度的寺庙样式,如寺庙中一定有塔,整座寺庙以塔为中心建造,但这种布局后来发生了变化。中国式的寺院建筑布局在魏晋南北朝时基本定型,它不再以塔为中心,而是以大殿为中心,

因此许多寺庙没有塔,它的建筑依照了中国的建筑原则。中国式的建筑讲究左右对称,主要建筑都在南北中轴线上,东西两侧是其他的建筑,因此中国式寺院也是这样的布局:在南北中轴线上,首先是山门,接着是天王殿,再接下去是大雄宝殿、法堂,最后是藏经楼,东西两侧是其他建筑,主要是僧侣的生活区。这种建筑布局成为中国寺院建筑的主流,一直流传至今并影响到周边国家。

(根据浙江古籍出版社《佛教知识一百题》改写)

选择正确答案

1. 石窟寺这种建筑形式:
    A. 受印度的影响比较大
    B. 开始受印度的影响,后来还是按照中国的建筑原则建造
    C. 有一点儿印度的影响
    D. 唐朝以前在中国不多见,宋朝以后多了起来
2. 塔庙建筑:
    A. 一直都是以塔为中心建造
    B. 一定有塔
    C. 都是以大殿为中心建造
    D. 魏晋南北朝以后,主要是按照中国的建筑原则建造
3. 依山式是指:
    A. 石窟寺　　B. 塔庙　　C. 山门　　D. 大雄宝殿
4. "左右对称"的"对称"是什么意思?
    A. 面对面　　B. 前后左右都很平　　C. 匀称　　D. 两边基本一样
5. 中国式寺院中的食堂应该在哪儿?
    A. 南面　　B. 东面或者西面　　C. 北面　　D. 南面和北面
6. 下面的哪一种建筑布局不符合中国式寺院的建筑原则?
    A. 大雄宝殿的门对着南面　　B. 藏经楼的门对着西面
    C. 山门在寺院的前面　　D. 法堂的后门对着北面

生　　词

布局　bùjú　(名)　overall arrangement; composition　全面安排(建筑、绘画、作文等)。
菩萨　púsà　(名)　bodhisattva　佛教修行到了一定程度、地位仅次于佛的人。
雕刻　diāokè　(动)　carve　在石头、木头、金属或其他材料上刻出形象。

石窟　shíkū　（名）　rock cave; grotto　在山崖中开凿成的寺庙建筑,里面有佛像或佛教故事。

中轴线　zhōngzhóuxiàn　（名）　axis　把平面或立体分成对称部分的直线。

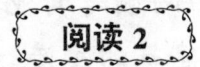

中山装的来历

　　中山装曾经是中国男子最普通和最爱穿着的服装,今天仍然是中国男子的典型服装之一。在国际上,很多人把它叫"毛式服"。

　　其实,中山装的发明人是孙中山先生。孙中山先生感到中国的传统服装不能表现出当时中国人民奋发向上的精神面貌,需要改革。可是西装又不太适合中国人在生活、工作方面的实际情况,而且穿起来也不方便。于是,1923年,孙中山先生在广州以当时在南洋华侨中流行的"企领文装"为基础设计出一种新的服装。

　　这种新衣服做出来以后,孙中山先生马上就穿着它出现在各种场合,后来它逐渐在全国流行起来,由于这种衣服是孙中山先生设计并首先穿着的,所以人们就把它叫做"中山装"。协助孙中山先生设计中山装

的助手叫黄隆生,广东台山人。

(根据湖北人民出版社《中国文化知识精华》"中山装的来历"改写)

判断正误

1.( )中山装是中国的传统服装。
2.( )孙中山先生觉得中国的传统服装不太好。
3.( )最先穿中山装的是孙中山先生。
4.( )中山装是根据西装的样式设计的。
5.( )中山装是南洋华侨的服装。
6.( )中山装是孙中山先生独自设计的。
7.( )中山装最早出现在广州。
8.( )现在已经没有人穿中山装了。

生　词

典型　diǎnxíng　(形)　typical case　人物、事件、物品等有代表性。
奋发向上　fènfāxiàngshàng　精神振奋,情绪高昂,努力做到最好。

阅读 3

赤道雪峰——乞力马扎罗山

乞力马扎罗山海拔5893米,是非洲第一高峰。它在东非大草原的赤道附近,山下白天最高气温达到59℃,可以把鸡蛋烤熟,但是山顶却终年积雪,温度常常在-30℃,山上山下温差达93℃,是著名的赤道雪峰。

这座赤道边上的雪山,虽然在公元前2世纪就由埃及地理学家画在地图上了,但是"文明"的欧洲人却不相信赤道附近有雪山。1848年,一个德国传教士见到乞力马扎罗雪山的奇景,回国后写了一篇游记,不料却引来人们的攻击,说他无中生有。直到越来越多的欧洲人在当地人的帮助下爬上了顶峰,证明那的确是积雪后,它才被承认。

乞力马扎罗山是著名的旅游胜地,它的神奇美丽吸引着成千上万的旅游者和登山爱好者来到它的身边。现在,世界各地有14条国际航线直飞乞力马扎罗国际机场。大山脚下还有世界著名的东非野生动物园,这也是旅游者向往的地方。

(根据《广州日报》1997年10月17日文章改写)

判断正误

( )1. 乞力马扎罗山在非洲。
( )2. 乞力马扎罗山的附近地区很热。
( )3. 乞力马扎罗山的山顶很热。
( )4. 最早发现乞力马扎罗山的是一个德国传教士。
( )5. 欧洲人以前就知道乞力马扎罗山的山顶有雪。
( )6. 现在去乞力马扎罗山旅行很方便。

生　词

海拔　hǎibá　（名）　height above sea level　以平均海水面做标准的高度。
赤道　chìdào　（名）　the equator　环绕地球表面、距离南北两极相等的圆周线。
传教士　chuánjiàoshì　（名）　基督教会(新教和旧教)派出去传播宗教的人。
无中生有　wúzhōngshēngyǒu　造谣；把没有的说成有。
向往　xiàngwǎng　（动）　yearn for;look forward to　因为热爱、羡慕某种事物而希望得到或达到。

第三课

一、技　　能

猜词之一：偏旁分析（二）

在上一课我们讲解了部分汉字的偏旁，这一课我们继续学习汉字偏旁。

1. 刂——常常表示和刀有关系：利、割、刮
2. 疒——常常表示和疾病、伤痛有关系：癌、症、疯
3. 艹——常常表示和草、植物有关系：花、菜、茶
4. 口——常常表示和嘴有关系：喝、叫、吸
5. 巾——常常表示和纺织品有关系：帜、帽、帕
6. 山——常常表示和山有关系：岭、岗、峰
7. 犭——常常表示和动物有关系：狗、狼、猫
8. 火——常常表示和火有关系：烤、炒、烧
9. 礻——常常表示和祭祀、神有关系：祭、祈、神
10. 车——常常表示和车、转动等有关系：辆、轮、轴

练习

写出有这个形旁的字，每个形旁写三个字

刂　　　疒　　　艹　　　口　　　巾
山　　　犭　　　火　　　礻　　　车

请选择下面这段话说的是哪个词

1. 用刀自杀。
   A. 招　　B. 刎　　C. 稀　　D. 咱
2. 夏天常常出现的一种皮肤病。
   A. 热烈　　B. 体现　　C. 肤浅　　D. 痱子

3. 一种蔬菜。
   A. 茄子　　B. 豹子　　C. 灾荒　　D. 珊瑚
4. 不能说话的人。
   A. 兑换　　B. 愉悦　　C. 哑巴　　D. 搜刮
5. 舞台上用来做遮挡用的布帘子。
   A. 台阶　　B. 帷幕　　C. 寒窗　　D. 阻挡
6. 山路不平。
   A. 途径　　B. 平坦　　C. 疙瘩　　D. 崎岖
7. 一种比猴子大一点的动物。
   A. 猩猩　　B. 喉咙　　C. 物种　　D. 山麓
8. 一种用热力来让衣服平整的家用电器。
   A. 缝纫机　　B. 电熨斗　　C. 棉袄　　D. 驱蚊器
9. 向神祈求保佑。
   A. 祷告　　B. 挫折　　C. 救护　　D. 崭新
10. 古代的一种车。
    A. 悠久　　B. 摆渡　　C. 辇　　D. 步骤

选出与划线部分意思接近的项

1. 妈妈在剁饺子馅。
   A. 买　　B. 和　　C. 切　　D. 调
2. 他患了痢疾。
   A. 利益　　B. 丢失　　C. 一种工具　　D. 一种病
3. 在南方我没见到过苜蓿。
   A. 一种电器　　B. 星宿　　C. 一种植物　　D. 霜冻
4. 他嘀嘀咕咕的。
   A. 比较传统　　B. 瘦瘦高高　　C. 很爱运动　　D. 小声说话
5. 运筹于帷幄之中，决胜于千里之外。
   A. 掌握　　B. 维护　　C. 锥子　　D. 帐篷
6. 中国的西南高原层峦叠嶂，郁郁葱葱。
   A. 堡垒　　B. 山势起伏，连绵不断　　C. 障碍　　D. 空气清新，景色宜人
7. 这个小刺猬真漂亮。

A. 一种动物　B. 刺刀　C. 喇叭　D. 称谓
8. 把衣服<u>烘</u>一烘。
A. 洗　B. 烤　C. 理　D. 拱
9. 小学就在陈家的<u>祠堂</u>里。
A. 住宅　B. 公司　C. 客厅　D. 祭奠场所
10. <u>轱辘</u>坏了,不能用了。
A. 山麓　B. 麋鹿　C. 轮子　D. 痼疾

二、阅读训练

阅读1

山水画和小鸟

一天早上,山东省日照市的一位农民在家里挂了一幅山水画。画儿是他的朋友送给他的,高两米,宽三米,画的是一座山,有茂密的森林和绿油油的草地。画儿挂上以后,这位农民就坐在家里看书。忽然,他听见"嘭"的一声,抬头一看,一只绿色的小鸟正扑向墙上的山水画。由于怕鸟的声音吵醒了正在睡觉的孩子,他就把这只小鸟赶出去了。不料,四十分钟以后,一大群鸟从门外飞了进来,直向墙上的山水画飞去,"嘭嘭嘭"响成一片。他连忙去赶,但是,鸟儿怎么也赶不走,他只好叫来邻居帮忙,好容易才把这群鸟赶出了家门。

(根据《广州日报》1997年10月17日文章改写)

选择正确答案

1. 这篇文章讲的故事是:
   A. 严肃的   B. 浪漫的   C. 有趣的   D. 伤感的
2. 文章似乎在暗示:
   A. 画儿画得很真实   B. 小鸟很笨
   C. 山东的小鸟比较多   D. 这个农民的运气不好
3. "一大群鸟从门外飞了进来"中"一大群鸟"的意思是:
   A. 一群大鸟   B. 一群小鸟
   C. 一群大鸟和小鸟   D. 数量较大的一群鸟
4. 农民第一次赶鸟是因为:
   A. 他怕小鸟弄坏了画儿   B. 他怕影响小孩睡觉
   C. 小鸟影响了他看书   D. B 和 C
5. 从文章中我们知道:
   A. 把小鸟赶出去很容易   B. 把小鸟赶出去很不容易
   C. 小孩已经被吵醒了   D. 邻居主动来帮忙

生　词

不料　bùliào　(动)　unexpectedly　没有想到;没有预先料到。

阅读 2

大部分台湾人的祖先是明清时代从福建移居到台湾的

大部分台湾人讲的是闽南话,又叫厦门话,和福建南部、广东东部等地的语音差不多。专家普遍认为:大部分台湾人是在明清时代从福建移居到台湾的,而且主要是来自闽南的泉州和漳州一带。因此,大家都习惯把台湾人叫闽南人。但在台湾,长辈总是对晚辈说台湾人是"河洛人"。河洛在河南省,可见台湾人更早的时候是居住在河南的河洛一带,是中原人,后来他们移居到南方的福建,但仍然不忘自己是河洛人。这说明了台湾人希望子孙都记住自己是地地道道的中原汉人。

(根据湖北人民出版社《中国文化知识精华》"台湾人的根"改写)

判断正误

(　　)1. 大部分台湾人的祖先是从福建移居到台湾的。
(　　)2. 大部分台湾人现在说厦门话。
(　　)3. 台湾人不愿意忘记他们是中原的汉人。

生　　词

移居　yíjū　（动）　搬家；搬到别的地方居住。
地地道道　dìdidàodào　（形）　"地道"的重叠形式。意思是纯正的，真正的。如：他是地地道道的北京人。

阅读3

中国——茶叶的故乡

中国是茶叶的故乡，传说在公元前2730年中国人就发现并种植茶树，并把茶叶用于医药。公元3～4世纪，茶叶逐渐作为饮料，到公元6～7世纪，饮茶的习惯遍及全国。唐代的陆羽(782—804年)所著的《茶经》是世界上最早的有关茶叶的著作。中国种茶技术首先传入日本，日本在公元810年以前不种茶。16世纪中叶，中国的茶又传到欧洲，但当时的欧洲人只是把它当成标本来保存。直到18世纪，欧洲人才开始把茶当做饮料。茶传入俄国是公元1600年，当时只是进口茶叶当饮料，后来俄国茶叶商人从中国带回茶种，请中国茶农传授种茶技术，俄国才有了自己的茶叶。1780年，制茶的方法传入印度，1893年传到斯里兰卡。今天，中国仍然是世界上最大的茶叶生产国，茶园的面积占了世界的一半，茶叶产量占了世界的65%。

(根据湖北人民出版社《中华文化知识精华》"农业、栽培、畜牧"改写)

判断正误

(　　)1. 中国人最早知道茶的种植方法。

( )2. 4000多年前,中国人就喝茶了。
( )3. 日本是中国以外最早知道种茶的国家。
( )4. 16世纪,欧洲人知道把茶当做饮料喝。
( )5. 俄国茶叶商人从中国带回茶种后,他们就开始自己种植茶叶了。
( )6. 现在世界上只有中国生产茶叶。

生　词

标本　biāoběn　（名）　specimen;sample　保持实物原样或经过加工整理,供学习、研究时参考用的动植物、矿物等。
保存　bǎocún　（动）　to reserve;conserve;keep　使某种东西继续存在下去,不变化,不损坏。

阅读4

北京吉普车

　　北京吉普车于50年代开始生产,其主要的部分是学习了当时苏联的设计。它的特点是价格便宜,结构简单。与国外高级和昂贵的吉普车比,它很适合中国人的经济情况和道路情况。

　　几十年来,北京吉普车遍布全国各地,从沿海城市到边远山区都能见到它。全国各地的汽车维修站都能找到它的零件,修理非常方便。北京吉普车公司骄傲地说:"有路的地方就有北京吉普车,北京吉普车是中国数量最多的汽车。"不但如此,北京吉普车还出口到许多国家,特别是一些第三世界国家。

　　北京吉普车也有不少问题:粗糙笨重,耗油量大,开起来不舒服,毛病比较多。但是,由于它价格便宜和容易修理,还是值得买的。另一方面,生产厂家正在不断地改进技术和提高质量,相信它能继续受到中国人民的欢迎。

(根据《羊城晚报》1997年3月26日冯宇辉文章改写)

判断正误

( )1. 北京吉普车是苏联人设计的。
( )2. 北京吉普车比较便宜。

(   )3. 北京吉普车的质量比外国的汽车好。
(   )4. 有些国家也在使用北京吉普车。
(   )5. 北京吉普车并不完美。
(   )6. 北京吉普车越来越好。

生　词

吉普车　jípǔchē　（名）　英文 jeep 的音译。一种有良好越野性能的轻型汽车。
零件　língjiàn　（名）　part　机器的一部分。
粗糙　cūcāo　（形）　不光滑,不精细。
耗　hào　（动）　to consume;cost　消耗;减损。

第四课

一、技　　能

猜词之一：偏旁分析（三）

上两课我们学习了汉字偏旁的一些知识，这一课我们继续学习一些汉字偏旁的知识。

1. 衤——常常表示和衣物、纺织品有关系：衫、裤、袖
2. 目——常常表示和眼睛有关系：眼、睛、瞪
3. 钅——常常表示和金属有关系：铁、铅、铜
4. 鸟——常常表示和鸟类动物有关系：鸡、鸭、鹅
5. 舟——常常表示和船有关系：船、舰、艇
6. 雨——常常表示和天气现象有关系：雷、雾、霜
7. 鱼——常常表示和鱼有关系：鲤、鲶、鲫
8. 竹——常常表示和竹子有关系：篮、筷、筐
9. 虫——常常表示和虫类动物有关系：蛇、蚊、蝇
10. 足——常常表示和脚有关系：跑、踢、跳

练习

写出有这个形旁的字，每个形旁写三个字

衤　　　目　　　钅　　　鸟　　　舟

雨　　　鱼　　　竹　　　虫　　　足

请选择下面这段话说的是哪个词

1. 一种小木船。
   A. 木板　　B. 舢板　　C. 盆子　　B. 轮胎
2. 竹子做的装东西的容器。

A. 筐子　　　B. 板凳　　　C. 瓦缸　　　D. 脸盆
3. 一种衣服。
   A. 毯子　　　B. 坛子　　　C. 钉子　　　D. 褂子
4. 一种体型较小的昆虫。
   A. 昆曲　　　B. 毒药　　　C. 脂肪　　　D. 蟋蟀
5. 一种金属。
   A. 稗子　　　B. 锌　　　　C. 玻璃　　　D. 辘轳
6. 一种小鸟。
   A. 鹌鹑　　　B. 糨糊　　　C. 岛屿　　　D. 飞跃
7. 一种身体比较大的鱼。
   A. 海星　　　B. 鲑　　　　C. 水闸　　　D. 海鸥
8. 短时间地看了一下。
   A. 害羞　　　B. 观众　　　C. 瞥　　　　D. 塞
9. 常常在夏天随暴雨一起下来的小冰块。
   A. 箭　　　B. 浪　　　C. 枣　　　D. 雹
10. 提起脚来用力踏。
    A. 腿　　　B. 甩　　　C. 跺　　　D. 砸

选出与划线部分意思接近的项

1. 他踹了我一下。
   A. 端　　　B. 看　　　C. 踢　　　D. 推
2. 好大的一条黄鳝啊！
   A. 黄鼠狼　　　B. 皮带　　　C. 一种水生动物　　　D. 膳食
3. 今天有大雾。
   A. 接近地面的像云一样的东西　B. 事件　C. 很重要的任务　D. 灾难
4. 我瞅着他走进了房间。
   A. 跟　　　B. 揪　　　C. 带　　　D. 看
5. 衣服上有跳蚤。
   A. 一种非常小的吸血昆虫　B. 油漆　C. 一种十分显眼的装饰　D. 污点
6. 他拿着棉袄出去了。
   A. 棉花　　　B. 绵羊　　　C. 肥沃　　　D. 厚衣服

7. 这种照相机的零件是用<u>钛</u>做的。
   A. 一种塑料　　B. 态度　　C. 一种金属　　D. 淘汰

8. 他掌<u>舵</u>,我摇橹。
   A. 骆驼　　　　B. 机器的开关
   C. 控制船的航行方向的设备　　　　D. 一种电器

9. <u>鸳鸯</u>常常用来比喻恩爱夫妻。
   A. 盛开的鲜花　　B. 一种水鸟　　C. 太阳和月亮　　D. 一种常青的树木

10. <u>笋干</u>焖肉很好吃。
    A. 晒干后的竹子的嫩芽　　B. 干豆角　　C. 豆腐干　　D. 芦苇的嫩芽

二、阅读训练

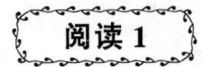

韩国的"年轻老人"

韩国经济发展迅速,失业率也相当低。可是,处于壮年的高级专业人才提早退休的现象却不断增加。

目前,韩国各企业机构都力求以最少的人力资源创造出最大的利润,这样每年都有七千多名高级专业人才提早退休,而且这一现象今后还会逐年增加。这些不到六十岁就离开工作岗位的人被称为"年轻老人"。他们大多数身体健康,有丰富的经验和专门知识,本来还可以为社会多做一些贡献,只是由于社会环境起了变化才不得已提早退休,让人觉得有些可惜。

韩国政府为这些人做了很多工作:首先,在生活上照顾他们,使他们生活稳定;另外,为了使这些人能继续发挥自己的才能,在政策上也给他们很大的支持。现在,在韩国的电视、报章上经常可以看到招聘这些"年轻老人"的广告。

(根据《公共关系报》1996年10月17日文章改写)

选择正确答案

1. 这篇文章主要讲韩国:
   A. 年轻老人退休以后的生活　　B. 年轻老人如何继续发挥自己的专长

C. 广告的情况　　　　　　　D. "年轻老人"大多数身体健康

2. 韩国的高级专业人才提早退休是因为：
   A. 他们身体不好　　　B. 企业机构为了本身的经济利益
   C. 政府的规定　　　　D. 主要是为了发展经济和降低失业率

3. 作者对高级专业人才的态度是：
   A. 主张他们早点退休　　B. 不太愿意他们提早退休
   C. 早晚都没有关系　　　D. 坚决反对他们提早退休

4. "韩国政府为这些人做了很多工作"的意思是：
   A. 韩国政府为这些人安排了很多工作
   B. 韩国政府用了很多办法来帮助这些人
   C. 韩国政府希望这些人多做工作
   D. 这些人做了很多事来影响韩国政府的政策

5. 提早退休的高级专业人才：
   A. 再也不能工作了　　　B. 不愿意再工作了
   C. 有些还能继续工作　　D. 都到政府机构去工作了

6. 哪种说法是不对的：
   A. 提早退休的高级专业人才都找不到工作
   B. 有些机构需要聘用一些提早退休的高级专业人才
   C. 政府支持提早退休的高级专业人才继续工作
   D. B 和 C

生　词

资源　zīyuán　（名）　resources　生产资料或生活资料的天然来源。如：石油资源、水资源。
利润　lìrùn　（名）　profit　经营工商业赚的钱。如：军火买卖的利润很高。
招聘　zhāopìn　（动）　invite applications for a job　用公告的方法聘请工作人员。

阅读 2

毛泽东的儿子毛岸青

北京西山是著名的风景胜地，空气清新，松涛阵阵。毛泽东的儿子毛岸青就住在这里。

毛岸青四岁离开父亲，七岁时母亲被杀害，二十多年以后才和父亲再次见面。他历尽艰辛，养成了好静不好动的习惯。他在苏联整整生活了十一年,所以,他到现在还保持着苏联人的生活习惯。在和家里人谈话时,有时他找不到合适的汉语词语来表达自己的意思,就会说一大串俄语。如果别人请他题词,他就先写俄语,然后再写上"毛岸青"三个汉字。

他年轻时就特别喜欢音乐,音乐是他生活中的一大乐趣。他会弹钢琴、曼陀铃,他常常用标准流利的俄语演唱《莫斯科郊外的晚上》、《红莓花儿开》等苏联歌曲。他平常除了读书、翻译以外,还爱下国际象棋,而且水平特别高。他早已经离休,现在身体很好。

(根据《周末报》1996年10月16日文章改写)

判断正误

( )1. 这篇文章主要讲述西山美丽的景色。
( )2. 毛岸青是毛泽东的儿子。
( )3. 毛岸青四岁离开父亲后就一直没有再见到父亲。
( )4. 毛岸青性格活泼。
( )5. 毛岸青是一个音乐爱好者。
( )6. 毛岸青的俄语似乎比汉语好。
( )7. 毛岸青会下一点儿国际象棋。
( )8. 毛岸青现在不用工作。

生 词

松涛　sōngtāo　(名)　松树被风吹时发出的声音。
历尽艰辛　lìjìnjiānxīn　经历了很多痛苦和艰难。
串　chuàn　(量)　连成一行的。
题词　tící　(动)　写一段话表示纪念或勉励。如:毛泽东主席1963年题词:"向雷锋同志学习。"
国际象棋　guójìxiàngqí　(名)　chess　棋类运动的一种,黑白棋子各16个,两人对下。

阅读 3

悠闲就是快乐

讲求效率、讲求准时、希望事业成功,这好像是西方人的三大习惯。

西方人之所以那么不快乐、那么忙的原因可能就是他们太讲求这三样东西。实际上,在生活中很多事是可做可不做的,做了不会给自己多少快乐,不做也不会有什么问题。世界上谁比较聪明——悠闲者呢? 还是忙碌者呢? 我不赞成为了把事情做得十全十美而使自己没有时间享受生活的乐趣,享受悠闲的快乐。

比如说,美国的杂志编辑们为了保证杂志的质量,认真仔细地去找错别字,弄得自己很累,头发都白了。中国的编辑却聪明得多,他们总是舒舒服服地校对一遍就行了,他才不会用全副精力去找错别字。因为这些错误能增加读者发现错误的乐趣,还能提高读者细心观察的能力,编辑自己也不用那么辛苦。要是在美国,大家一定会批评这个编辑,但在中国这是没关系的,原因就是没有关系。

(根据林语堂《生活的艺术》改写)

选择正确答案

1. 这篇文章想要表达的主要意思是:
   A. 美国人讲求效率　　B. 西方人的三大习惯是什么
   C. 西方人不快乐　　　D. 人应该悠闲一些
2. 作者主张的工作态度是:

A. 尽量做到完美　　B. 不用做　　C. 严肃认真　　D. 过得去就行了
3. 作者似乎在赞赏：
   A. 悠闲的人　　B. 认真的人　　C. 快乐的人　　D. 编辑
4. "中国的编辑却聪明得多,舒舒服服地校对一遍就行了"中"校对"的意思是：
   A. 对付　　　　B. 将写错的部分找出来并改正
   C. 编辑杂志　　D. 将文章交给学校的老师去看
5. 按本文的说法,要是杂志中有文字上的错误：
   A. 在中国大家会批评编辑　　B. 在美国大家会批评编辑
   C. 在中国和美国都没有关系　　D. A 和 B

生　词

讲求　jiǎngqiú　（动）　重视某一方面,并设法使它实现,满足要求；追求。如:要讲求公平。

效率　xiàolǜ　（名）　efficiency　在一定时间内完成的工作量。如:他的工作效率很高。

悠闲　yōuxián　（形）　leisurely and carefree　闲适自得,轻松自由。如:他退休后的生活很悠闲。

享受　xiǎngshòu　（动）　enjoy　物质或精神上得到满足。如:听古典音乐是他最大的享受。

十全十美　shíquánshíměi　非常完美,没有缺点、错误。如:世界上没有十全十美的人。

第五课

一、技　能

猜词之一：偏旁分析（四）

前面三课我们学习了汉字偏旁的一些知识，这一课我们继续学习一些汉字偏旁的知识。

1. 土——常常表示和土壤、土地有关系：尘、地、基
2. 纟——常常表示和丝绸、纺织品有关系：纱、绳、缕
3. 气——常常表示和气体有关系：氧、氢、氖
4. 女——常常表示女性及女性的某些特点：姐、嫁、娇
5. 皿——常常表示和盛东西的器皿有关系：盆、盘、盒
6. 禾——常常表示和禾苗、农作物有关系：稻、秧、穗
7. 走——常常表示和行走有关系：超、赶、越
8. 辶——常常表示和行进、移动等有关系：逃、过、逛
9. 石——常常表示和石头及类似物质有关系：砂、碑、磨
10. 田——常常表示和田地有关系：亩、甸、毗

练习

写出有这个形旁的字，每个形旁写三个字

土　　　纟　　　气　　　女　　　皿
禾　　　走　　　辶　　　石　　　田

请选择下面这段话说的是哪个词

1. 田园中分开的小区域。
   A. 惑　B. 筐　C. 畦　D. 欧
2. 海里或江里的石头。

A. 礁石　B. 水母　C. 海蜇　D. 嚎头

3. 走路不稳，要摔倒的样子。
　　A. 歧路　B. 蟋蟀　C. 倾倒　D. 趔趄
4. 一种化学元素，通常是气体。
　　A. 酸　B. 氡　C. 碱　D. 盐
5. 美丽。
　　A. 消　B. 失　C. 妍　D. 停
6. 一种丝绸。
　　A. 仁慈　B. 缎子　C. 雕塑　D. 棉布
7. 为保卫一个东西而来回地一边走一边查看。
　　A. 巡逻　B. 来往　C. 视察　D. 保安
8. 小杯子。
　　A. 坏　B. 权　C. 盏　D. 柁
9. 农作物不饱满的籽实。
　　A. 果实　B. 丰满　C. 收获　D. 秕子
10. 颗粒细小的灰土。
　　A. 肮脏　B. 尘埃　C. 面粉　D. 灰色

选出与划线部分意思接近的项

1. 他穿着一件<u>涤纶</u>衬衣。
　　A. 条纹　B. 抢来的　C. 没有洗涤过的　D. 一种化学纺织品
2. 据说<u>氡气</u>对人体有害。
　　A. 冬天的气候　B. 一种气体　C. 发脾气　D. 娇气
3. 我们家乡是用毛驴拉着<u>碾子</u>来打场的。
　　A. 轮子　　　　B. 破旧的风车
　　C. 石制的圆形物体　D. 利用风力将粮食的空壳吹走的器具
4. 张老师跳起舞来<u>婀娜多姿</u>。
　　A. 强而有力　　B. 速度很快
　　C. 柔软而好看　D. 变化很多
5. 他二话没说就<u>赶赴</u>事故现场了。
　　A. 找到　B. 清理　C. 赶快去　D. 打扫

6. 这家商店迁到对面去了。
   A. 投诉　B. 纤维　C. 搬　D. 进行抵抗
7. 现在很难看到痰盂了。
   A. 化痰的药品　　B. 让人吐痰的容器
   C. 孔孟的学说　　D. 与朋友悠闲地谈话
8. 垦荒可是一件辛苦的事。
   A. 诚恳地表示歉意　　B. 由于自然灾害而导致灾荒
   C. 沿着江河漂流　　　D. 开发没有使用过的土地
9. 广州的标志就是一只嘴里衔着谷穗的山羊。
   A. 水稻的果实　B. 长在山谷里的青草　C. 花朵　D. 小姑娘
10. 小王不知道"平畴千里"的意思。
    A. 一望无际的大平原　　B. 平坦广阔的田地
    C. 宽广的草原　　　　　D. 一泻千里的江河

二、阅读训练

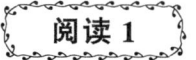

特别的车牌——"HK1997"

在香港,"HK1997"这个车牌是非常特别的,因为1997年7月1日是香港回归祖国的日子,所以,"HK1997"这个车牌对全体中国人来说都有特殊的意义。

"HK1997"这个车牌在1984年3月第一次拍卖时的底价是25000港币,但是没有人想要。第二次拍卖时的底价降到1000港币,结果被人以2100港币买下。到1993年,有人公开表示,愿意用200万港币来买这个车牌,但被车主拒绝。现在估计这个车牌的实际价格将超过1300万港币,成为香港历史上最贵的车牌。

(根据《南方都市报》1997年3月16日陈黎文章改写)

根据短文判断正误

( )1."HK1997"这个车牌第一次拍卖时就很贵。
( )2."HK1997"这个车牌非常特别。
( )3."HK1997"这个车牌现在很贵。
( )4. 拥有"HK1997"这个车牌的人已经决定出售车牌。

生　词

拍卖　pāimài　(动)　auction　当众出售商品,顾客按自己的估计出价,由出价最高的顾客得到。
底价　dǐjià　(名)　拍卖、招标时预先定好的最低出售价钱。

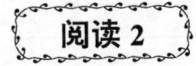

阅读2

高血压患者要少说话

实验证明:高血压患者说话时血压就会立即上升,不少患有高血压的老人会在说话时突然发病倒下,而安静时血压就立即下降。一般的人也是这样,甚至聋哑人用手语交谈时血压也会上升。专家解释说,人说话时全身都在用力,哪怕是愉快的聊天也会引起血压上升。有趣的是,听却可以降低血压。有人做了这样一个实验:让三个人分别朗读、看着一堵墙、看鱼缸中的金鱼,并且同时对这三个人的血压进行测量。结果是:朗读的人血压最高,看鱼的人血压最低。专家告诫高血压患者:少说多听。

(根据《现代家庭报》1996年10月16日文章改写)

判断正误

( ) 1. 人在说话时血压会上升。
( ) 2. 听人说话时血压也会升高。
( ) 3. 患高血压的人应该少说话。

生　词

血压　xuèyā　（名）　blood pressure　血管中血液对血管壁的压力。
患　huàn　（动）　be ill　害(病)。
聋哑人　lóngyǎrén　（名）　听觉和说话能力有问题的人。聋是耳朵听不见声音,哑是不能说话。
测量　cèliáng　（动）　survey;measure　用仪器确定距离、时间、温度、体积、功能等数值。
告诫　gàojiè　（动）　严肃地告诉别人应该怎样做。

阅读3

节约水资源和少吃牛肉

过去的25年,由于人口的增长和农作物对水资源的大量需求,全世界对水资源的需求比原来增加了两倍。而气候的改变,污染的加剧又使地球上的水资源更加缺乏。人类正面临严重的水危机。

遗憾的是,并不是所有的人都认识到这一点,很多国家仍然不注意节约用水。以美国为例,只有不到50%的水用于灌溉,其余的水都白白地浪费了。现在是世界各国应该认真考虑保护和节约水资源的时候了。

美国纽约的一位水资源专家戴维先生在一份报告中说,如果你想节约水资源,那么你就应该少吃牛肉,多吃鸡肉。他经过研究后发现,生产1公斤鸡肉大概需要用3500升水,生产1公斤牛肉需要的水却高达10万升。换句话说,一个汉堡包里的牛肉需要11米^{3}的水。其实牛喝的水并不多,绝大部分的水是用于生产喂牛的饲料。在农作物中,水稻是最费水的,生产1公斤稻谷需要1900升以上的水,而生产1公斤土豆只需要500升水。他还说,一盘牛肉米饭所需的水是一盘鸡肉土豆的

25倍。所以,节约水资源的一个方法是:少吃牛肉,多吃鸡肉。

(根据《南方都市报》1997年3月24日文章改写)

选择正确答案

1. 这篇文章要表达的主要意思是:
   A. 应该少吃牛肉,多吃鸡肉　　B. 要节约水资源
   C. 水稻是最费水的农作物　　D. 牛喝的水比鸡多
2. 哪个不是水危机的主要原因:
   A. 气候的改变　　B. 污染　　C. 人口的增长　　D. 牛喝水太多
3. 哪个说法是不正确的?
   A. 生产稻谷比生产土豆费水　　B. 美国用于灌溉的水不到它水资源的一半
   C. 生产牛肉很费水　　D. 鸡肉土豆饭所需的水比牛肉米饭多
4. 这篇文章最可能选自什么杂志?
   A.《旅行家世界》　　B.《动物世界》　　C.《环境与人类》　　D.《现代科技》

生　　词

加剧	jiājù	(动)	aggravate;intensify	加深了严重的程度。
短缺	duǎnquē	(形)		缺少;不够。
面临	miànlín	(动)	be faced with	面前遇到(问题、形势、情况)等。
灌溉	guàngài	(动)		给农作物施水。
饲料	sìliào	(名)		喂养动物的食物。

阅读 4

京剧的来源

京剧是我国流行最广、影响最大的剧种。它是由多种地方戏在北京融合、发展而成的,约有在一百四十年的历史。

京剧的产生要从徽戏说起。1790年,是清朝的乾隆皇帝八十岁生日,他要全国各地著名的戏班子进京表演。三庆、四喜、春台、和春四个徽戏班子在北京受到热烈欢迎,之后,他们继续留在北京演出。1830年,湖北的汉剧也进入北京。汉剧与徽剧有共同的来源,所以常常合作演出。汉剧的唱腔是西皮调,徽剧主要是二黄调。他们互相学习,并且

不断吸取其他剧种的精华,又根据北京观众的要求和北京语言的特点,创造出南北观众都能接受的戏剧语言——韵白。这样,京剧就形成了自己独特的风格,最初称为"皮黄"或"京调"。1840年前后,京剧便成为继昆曲之后在全国风行的主要剧种。到了同治、光绪年间(1862～1908年),京剧便盛行全国。

京剧比其他剧种更突出了戏曲集中、概括和夸张的特点,形成了唱、念、做、打一套完整体系和统一风格,表演时具有鲜明的色彩和强烈的节奏感。

(根据湖北人民出版社《中国文化知识精华》改写)

选择正确答案

1. 这篇文章的主要内容是:
   A. 京剧的形式与特点　　B. 京剧与徽戏的关系
   C. 京剧表演的内容　　　D. 京剧形成的历史
2. 京剧是在哪里形成的?
   A. 湖北　　B. 安徽　　C. 北京　　D. 昆明
3. 京剧受哪种戏曲的影响最大?
   A. 汉剧　　B. 徽剧　　C. 昆曲　　D. A 和 B
4. 京剧现在流行的地区主要在:
   A. 北方　　B. 全国　　C. 南方　　D. 北京
5. 徽班进京约在:
   A. 一百四十年以前　　　B. 二百年以前
   C. 八十年以前　　　　　D. 清朝同治、光绪年间
6. 在京剧流行以前哪种戏曲影响最大?
   A. 汉剧　　B. 徽剧　　C. 昆曲　　D. A 和 B

生　词

融合　rónghé　(动)　几种不同的事物合成一种。
戏班子　xìbānzi　(名)　旧时的戏剧演出团体。
来源　láiyuán　(名)　事物所从来的地方;事物的根源。
夸张　kuāzhāng　(形)　exaggerate　突出描写对象的某些特点;夸大。
节奏　jiézòu　(名)　rhythm　音乐中交替出现的有规律的强弱、长短现象。

第六课

一、技　能

猜词之二：通过语素猜词（一）

现代汉语词的数量是很多的，以《现代汉语词典》为例，它就收了六万多条。随着社会的发展，词的数量还会不断增加。那么，我们怎么来扩大自己的汉语词汇量呢？

考察现代汉语词的构造后，我们可以发现：现代汉语的词分为两大类：

一、单纯词，即由一个语素（一个意义单位）构成的词。一般来说，下列的词都是单纯词：单音节词，如"人"、"山"、"水"；外语译音词，如"沙发"、"咖啡"、"麦克风"；连绵词，如"蝴蝶"、"枇杷"、"垃圾"；象声词，如"叮当"、"哗啦"、"轰隆"。

二、合成词，它是由两个或两个以上语素构成的词。合成词的数量在现代汉语中占了绝大多数，其内部构造比较复杂。由于合成词的组合原则与汉语词组的组合原则基本一致，所以了解合成词的构造原则对我们学习汉语词汇和提高汉语的理解能力都有很大的帮助。从本课开始我们将讨论几种合成词的组合方式。

首先我们来看看"联合式合成词"。联合式是一种重要的构词方式，在意义上前一个语素和后一个语素地位平等，前后两个语素的意义可能是相同或相近的，可以互相说明、注释。你知道其中一个语素的意义后，也就知道另外一个语素的意义了，它们的词汇意义与语素的意义也基本一致。它们可以是名词，也可以是动词、形容词等。如：

"道路"，"道"的意思就是"路"，"道路"的意思也就是"道"或者"路"的意思；

"盗窃"，"盗"和"窃"的意思一样，"盗窃"的意思也就是"盗"或"窃"的意思；

"美丽"，"美"的意思就是"丽"，"美丽"的意思也就是"美"或者"丽"的意思。

同样，"墙壁"、"生产"、"打击"、"智慧"、"斗争"、"逃避"、"思想"、"光明"、"伟大"也是这样的。

练习

找出联合式的合成词并体会它们的合成方式

整齐	齐心	争论	论点	黑板	黑暗	样式	新式
墙壁	壁灯	跳高	跳跃	才智	才子	疾病	病人
产生	产量	芳香	香烟	懒惰	惰性	诚实	诚心

解释句子中划线词语的意思,并用前后两个语素各组一个新词或造一个句

1. 龙舟比赛结束了,河上<u>漂浮</u>着许多观众们扔的垃圾。
2. 在一个<u>寂静</u>的夜里,他离开了生活了三十年的城市。
3. 我不想跟他<u>争辩</u>。
4. 面对<u>凶恶</u>的罪犯,他毫不<u>畏惧</u>。
5. 飞机<u>降落</u>的时候,噪音很大。
6. 爷爷的身体极其<u>虚弱</u>。
7. 政府<u>奖励</u>他一辆汽车。
8. 这位老师得到很多学生的<u>敬佩</u>。
9. 他的发音很<u>清晰</u>。
10. 人越来越多,公司已经变得太<u>庞</u>大了,新来的经理说应该减少一些职员。

在上下两行中各取一个语素组成联合式合成词

| 镇 | 保 | 记 | 种 | 奇 | 喜 | 选 | 逃 |
| 录 | 妙 | 择 | 护 | 类 | 跑 | 压 | 爱 |

二、阅读训练

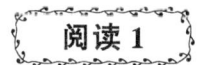

几则法规

根据国家语言文字工作委员会的规定:(一)报纸、杂志、图书(尤其

是大中小学教材),应当严格使用规范的简化字;(二)文件、布告、通知、标语、商标、广告、招牌、路名牌、站名牌、街道胡同名牌等,要使用规范的简化字;(三)电影、电视的片名,演员、职员表和说明字幕要使用规范的简化字;(四)汉字中凡使用汉语拼音的,拼写应当准确。

《中华人民共和国烟草专卖法》第十九条:禁止在广播电台、电视台、报刊播放、刊登烟草制品广告。

《中华人民共和国妇女权益保障法》第三十八条:妇女的肖像权受到法律保护。未经本人同意,不得以营利为目的,通过广告、商标、展览橱窗、专刊、杂志等形式使用妇女肖像。

根据短文选择正确答案

1. 街道的名字用繁体字写是违反了国家语言文字工作委员会的哪条规定?
   A. 第一条 B. 第三条 C. 第二条 D. 第四条
2. 画报可以用繁体字吗?
   A. 不可以 B. 没有规定 C. 可以 D. 不知道
3. 哪种行为不违法?
   A. 在街道上树立香烟广告   B. 在报纸上刊登烟草广告
   C. 在电视、电台上播放香烟广告 D. A、B、C
4. 如果画报的封面用了你妹妹的相片,是违法的吗?
   A. 当然是违法的   B. 一定不是违法的
   C. 只要是以营利为目的就是违法的   D. 要具体分析
5. "不得以营利为目的,……展览橱窗……"中"橱窗"的意思是:
   A. 窗户 B. 橱柜 C. 宣传栏 D. 售票窗口

生　词

规范　guīfàn　(形)　标准的、符合规定的。
简化字　jiǎnhuàzì　(名)　经过简化的汉字。如"漢語"的简化字是"汉语"。
肖像　xiāoxiàng　(名)　人物的相片,图像。
营利　yínglì　谋求利润。

阅读2

早期的自行车

最早大量生产自行车的是法国巴黎的皮耶父子。当时的设计是把脚踏板装在前轮上,他们的设计在当时是最好的。不久,英国人斯塔利设计了一种前轮极大,后轮极小的自行车,速度很快,但是很危险,因为骑自行车的人高高地坐在前轮上,双脚无法着地,很容易从上面掉下来。1878年,斯塔利改进了自行车的设计,生产出安全自行车。到1885年,自行车的外形就跟今天的差不多了,它有两个大小相同的轮子,用链条来传动。第一辆安全自行车的轮子是实心的。充气轮胎是1888年由英国人邓禄普发明的,它大大改善了自行车的舒适性。

(根据《大不列颠少儿科技小百科》改写)

判断正误

( )1. 法国皮耶父子生产的自行车脚踏板的位置在前轮上。
( )2. 英国人斯塔利设计的自行车比较安全。
( )3. 用链条来传动的自行车出现于1885年。
( )4. 英国人首先发明使用充气轮胎的自行车。

生　词

脚踏板　jiǎotàbǎn　(名)　pedal　自行车上放脚用力以带动自行车传动的零件。
链条　liàntiáo　(名)　roller chain　机械上传动用的链子。
传动　chuándòng　(动)　transmission;drive　传递动力。
实心　shíxīn　(形)　内部充实,没有空间、空气。相对的词是"空心"。
充气　chōngqì　往里面填充空气。

阅读3

长城的另一个作用

古代修筑长城,是为了防止北方少数民族的侵扰。长城的这个作用,人们都知道。但是人们可能不知道,长城还具有另一个作用——防止汉族人民向少数民族地区逃亡。

自先秦以来,长城以北就是少数民族生活的地区。那里的少数民族时常变换,生产力水平比较低。但是那里的水土十分肥沃,利于游牧,有些地区也适合种庄稼。因此,如果没有战争,那里人民的生活比内地还要安定些。这样,如果汉族人民在战争时期或遭受压迫时,就想逃到长城以北。比如西汉元帝时,南匈奴与汉朝和好,他们向汉朝提出拆除影响双方互相交流的长城。一位熟悉边防事务的官员坚决反对,他向皇帝举出十条不能拆除长城的理由,其中有三条就说到长城有防止汉族人民向少数民族地区逃亡的作用。皇帝采纳了他的意见。

从汉朝到明朝,汉族人民翻越长城投奔少数民族的事例是很多的。各个朝代的统治者都对长城进行过修整,在一定程度上达到了他们想要达到的目的。

(根据《中国文化知识精华》改写)

判断正误

(　　)1. 修筑长城只是为了防御北方少数民族的侵扰。
(　　)2. 汉族主要生活在长城以南地区。
(　　)3. 古时候汉族和少数民族的关系一直都不好。
(　　)4. 有人提出过拆长城的建议。
(　　)5. 长城对汉族与少数民族的交流有影响。
(　　)6. 只有汉朝的皇帝修补过长城。

生　词

防御　fángyù　(动)　defence　保护、抵御。
侵扰　qīnrǎo　(动)　invade and harass　侵略、骚扰。
逃亡　táowáng　(动)　run away　逃跑。
肥沃　féiwò　(形)　fertile; rich　土地的质量很好,适宜耕种。
游牧　yóumù　(动)　move about in search of pasture　游动放牧。

阅读 4

伦敦的出租汽车

英国伦敦的出租车不仅外观特别,而且还以服务周到闻名世界。1989年和1990年连续两年获得国际出租汽车协会授予的"世界最佳出租汽车服务奖"。

在伦敦街头行驶的一万六千多辆出租汽车,几乎都是老式"奥斯汀"牌汽车,这些车看上去不够华丽,但坐起来却十分舒服,因为它比一般的车高大宽敞。这种车后排可坐四人,另外还有一把折叠椅,打开之后可以坐两人。亲朋好友五六个人外出,叫上一辆车就行了。

伦敦的出租汽车司机都受过严格的训练,他们对伦敦一万八千多条街道和上千个医院、旅馆、办公楼、娱乐场所的位置都十分熟悉。只要你坐上出租汽车,司机就能以最短的线路、最快的速度把你送到目的地,尽量节约你的时间和金钱。他们不仅技术好,而且也有良好的职业道德,拒载、多收费、与乘客争吵的事很少发生。乘客如果对服务不满意,可以到市警察局投诉,违反规定的司机会受到处罚,严重的将被吊销驾驶执照。

(根据《国际商报》1996年12月11日文章改写)

选择正确答案

1. 这篇文章主要是：
   A. 介绍伦敦出租汽车司机的技术　　B. 介绍伦敦出租汽车的外观
   C. 介绍伦敦出租汽车的数量　　　　D. 介绍伦敦出租汽车的情况
2. 伦敦的出租汽车：
   A. 大部分是一个样子　　B. 很漂亮　　C. 都很破旧　　D. 开得很慢
3. 哪一项是文章没有说的？
   A. 伦敦出租汽车司机的技术　　B. 伦敦出租汽车的服务质量
   C. 伦敦出租汽车的价钱　　　　D. 伦敦出租汽车的数量
4. "拒载"的意思是：
   A. 不运载客人的行李，或者另外多收钱
   B. 不运载那些他不想运载的客人
   C. 不按正常的道路来运载客人
   D. 把客人运载到距离目的地很远的地方
5. 在伦敦，严重违反规定的司机：
   A. 可能会被关进监狱　　B. 可能不能再开出租汽车了
   C. 可能会被警察抓起来　　D. 会被没收出租汽车
6. 作者对伦敦出租汽车的态度是：
   A. 赞赏的　　B. 有保留地表扬　　C. 不满的　　D. 没有特别的感觉

生　词

授予　shòuyǔ　（动）　confer;award　给予(勋章、奖状、学位、荣誉等)。
华丽　huálì　（形）　漂亮豪华。
折叠　zhédié　（动）　fold　把一部分翻转和另一部分紧挨在一起。
投诉　tóusù　（动）　向有关部门表达自己的不满。
吊销　diàoxiāo　（动）　revoke　收回并注销(发出去的证明)。
驾驶执照　jiàshǐzhízhào　driver's license　可以合法驾驶汽车的证明。

第七课

一、技　　能

猜词之二：通过语素猜词（二）

上一课我们学习的"联合式合成词"的形式是：前后两个语素的意义是相同或相近的，可以互相说明、注释。这一课我们来看看另外两种"联合式合成词"：

一、在两个语素意义中取其中的一个，另一个的语素意义或消失、或淡化，或只有附加、衬托的意义。如：

"妻子"是在"妻"和"子"这两个语素意义中取了"妻"的意义；

"国家"是在"国"和"家"这两个语素意义中取了"国"的意义。

同样，"干净"、"窗户"、"质量"等也是这样的。

二、前后两个语素的意义可能是相反的，也可能是相对的，它们的词汇意义比较抽象、概括。它们往往不是语素意义的简单相加，而是包含了这两个相反、相对的语素的全部意义；也可能是这两个相反、相对的语素意义的引申或比喻。如：

"开关"是开动或关闭一个机器、物品的装置；

"山河"以语素"山"和"河"来代表国家或国家某一地区的土地；

"手足"可以指"手"和"脚"，但常用来比喻"兄弟"情谊。

同样，"天地"、"口舌"、"骨肉"等也是这样的。

练习

找出联合式的合成词，并指出它们属于哪种联合式合成词

高层	高矮	成败	成分	重逢	重复	方便	方圆
芳香	香烟	干净	干涉	面目	面包	内外	内地
马路	牛马	呼吸	吸管	歹徒	好歹	长矛	矛盾
老少	少年	非凡	是非	准确	准点	深浅	深入

解释句子中划线的词语,注意体会他们的意思

1. 他<u>好歹</u>也是你们的同学,怎么能这样呢?
2. 你听到什么<u>动静</u>吗?
3. 我<u>早晚</u>要去香港看看。
4. 她<u>始终</u>没有告诉大家是怎么认识那个人的。
5. 你要把这件事的<u>利害</u>告诉大家。
6. 他太老了,分不清<u>是非</u>,做决定的时候根本不讲道理。
7. 只要你一比较,<u>优劣</u>马上就看出来了。
8. 我只知道一点儿<u>皮毛</u>,不是专家。
9. 我跟他没什么<u>来往</u>。
10. 他<u>横竖</u>要来的,不用着急。

二、阅读训练

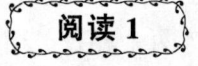

1997年5月31日《广州日报》栏目

请指出以下的内容可以在哪一版找到

1. 昨天一场足球比赛的结果,第____版。
2. 找工作,第____版。
3. 有关一个演员的新闻,第____版。
4. 股票行情,第____版。
5. 有关美国的消息,第____版。
6. 买房子,第____版。
7. 国家领导人会见外国客人,第____版。
8. 香港消息,第____版。

1. 中国重要新闻	9. 法律、社会新闻	17. 文摘
2. 广州地区新闻	10. 旅游介绍	18. 医疗广告
3. 国际新闻	11. 娱乐新闻	19. 书画艺术
4. 房地产广告	12. 港澳台消息	20. 现代教育
5. 体育新闻	13. 股票、投资指南	21. 都市时尚
6. 文学天地	14. 招聘广告	22. 新书介绍
7. 财经新闻	15. 青年一代	23. 科技天地
8. 饮食广告	16. 家庭生活	24. 购物指南

(摘自1997年5月31日《广州日报》)

生　词

股票　gǔpiào　（名）　stock; share　用来表示股份的证券。
行情　hángqíng　（名）　商品、证券、外汇等的价格情况。
财经　cáijīng　（名）　finance and economics　财政、经济。

阅读 2

北京首都国际机场《航班时刻表》目录

请回答下列问题可以在哪儿找到

1. 想知道朋友到达北京机场的时间,可以看第____页。
2. 想了解本国大使馆的有关情况,可以看第____页。

3. 看病，可以看第____页。
4. 想了解上海航空公司的有关情况，可以看第____页。
5. 想看看下个月5号是星期几，可以看第____页。
6. 想了解从北京去桂林的飞机票的价格，可以看第____页。
7. 想查广州的电话号码，可以看第____页。

使用说明	2
出发航班时刻表	3
到达航班时刻表	15
中国民航售票服务处	28
国内航空公司驻北京办事处	29
外国航空公司驻北京办事处	32
旅客须知	34
安全通告	37
北京市宾馆、饭店	39
北京市医疗机构	44
外国政府、国际组织驻北京机构	45
外国公司驻北京办事处	48
1997、1998年日历	55
中国邮政编码、直拨电话区号表	56
中国民航票价表	70

生　词

航班　hángbān　（名）scheduled flight　飞机或轮船航行的班次。
民航　mínháng　（名）民用航空。
机构　jīgòu　（名）organizations　机关、团体等的内部组织。
日历　rìlì　（名）记有年、月、日、星期等的印刷品。

阅读 3

《欧美作家词典》目录

1. 英国　　　　1～107页　　2. 法国　　　　107～200页

3. 德国	200~271 页	14. 奥地利	479~493 页
4. 俄国、苏联	271~385 页	15. 瑞士	493~500 页
5. 希腊	385~403 页	16. 比利时	500~505 页
6. 古罗马	403~408 页	17. 波兰	505~520 页
7. 意大利	408~435 页	18. 捷克、斯洛伐克	520~531 页
8. 西班牙	435~451 页	19. 匈牙利	531~542 页
9. 葡萄牙	451~457 页	20. 南斯拉夫	542~548 页
10. 冰岛	457~460 页	21. 罗马利亚	548~558 页
11. 丹麦	460~467 页	22. 保加利亚	558~573 页
12. 挪威	467~475 页	23. 阿尔巴尼亚	573~576 页
13. 瑞典	475~479 页	24. 美国	576~638 页

(引自陕西人民出版社《欧美作家词典》)

指出在该书的第几页可以找到你想了解的作家的资料

1. 德国作家歌德，第_____页。
2. 英国作家莎士比亚，第_____页。
3. 奥地利作家卡夫卡，第_____页。
4. 挪威作家易卜生，第_____页。
5. 法国作家雨果，第_____页。
6. 希腊作家荷马，第_____页。
7. 俄国作家列夫·托尔斯泰，第_____页。
8. 美国作家海明威，第_____页。
9. 意大利作家但丁，第_____页。

阅读 4

常德城

常德就是武陵，陶潜的《桃花源记》说的渔人的老家，应该在这个地方。地理书上说这里是湘西一个大码头，是交换进出口货的地方。

这个码头真正值得注意之处，实也无过于船户和他所操纵的水上工具了。要认识湘西，不能不对他们先有一种认识。要欣赏湘西地方民族特性,船户是最有价值的一种材料。

常德城本身似乎也就是一只旱船,女作家丁玲、法学家戴修瓒、国学家余嘉锡,都是这只旱船上长大的。常德沿河的街市上大小各种商铺不下数千家,都与水手有直接关系。杂货店铺专卖船上用件及零用物,可说是全为水手而预备的。至于油盐、花纱、牛皮、烟草等等庄号,也可说是为水手而有的。此外如茶馆、酒馆和那最朴素的行业,水手没有它不行,它没水手更不行。

常德城内有一条长街,铺子门面都很高大(与长沙铺子大同小异,近于夸张),木料不值钱,与当地建筑大有关系。河堤另一面多平田泽地,产鱼虾、莲藕,因此鱼栈、莲子栈绵延数里。此地多清真教门,因此牛肉特别肥鲜。

常德沿沅水上行九十里,才到桃源县,再上二十五里,方到桃源洞。千年前武陵渔人如何沿溪走到桃花源,这路线尚无好事的考古家说起。现在想到桃源访古的"风雅人",大多数只好先坐公共汽车去。在桃源县想看到老幼黄发垂髫、怡然自乐的光景,并不容易。不过因为历史的传统,这地方人倒很和气,保存一点古风。

政治家宋教仁、老革命党覃振,同是桃源人。桃源县有个省立第二女子师范学校,五四运动时谈男女解放平等、最先要求男女同校,且实现它的,就是这个学校的女学生。

(选自沈从文《大山里的人生》)

判断正误

(　)1. 常德是一座安静的小山城。
(　)2. 常德与水上运输有很密切的关系。
(　)3. 常德出过几个名人。
(　)4. 常德是一座商业城市,本身没有物产。
(　)5. 桃源洞就在桃源县城内。

生　词

操纵　cāozòng　(动)　operate;control　控制。
国学　guóxué　(名)　中国传统的学术文化。

栈　zhàn　（名） inn;storehouse　旅馆或存放货物的地方。
清真　qīngzhēn　（名）　Islamic;Muslim　伊斯兰教的。
黄发垂髫　huángfàchuítiáo　（名）　黄发指人灰白的头发,这里指老人;垂髫指小孩子的头发扎起来下垂着,这里指幼年。

第八课

一、技　能

猜词之二：通过语素猜词（三）

合成词中的偏正式是一种重要的构词方式，在汉语合成词中占了很大的比例。偏正式合成词在意义上是前一个语素修饰限制后一个语素，前一个语素是偏，后一个语素是正。就是说，主要的意思在后一个语素，前一个语素用来说明后一个语素是怎么样的。如："书架"就是"放书的架子"；"热爱"就是"热烈地爱"。再比如："红旗"、"黑板"、"铁路"、"火车"、"电灯"、"壁画"、"纸币"、"手套"、"狂热"等也是这样的。跟其他合成词一样，偏正式合成词里语素表示的意义也是融合在一起的，不是简单的相加。

练习

体会并说出下列偏正式合成词的意思

象牙	白云	足球	眼镜	市郊	短裤	旅客
晚会	白夜	意译	高级	市民	皮鞋	木棍
煎饼	工蜂	答卷	灯塔	赌场	尖刀	钢笔

用所给的语素组三个新的偏正式合成词

1. 木＿＿＿、＿＿＿、＿＿＿
2. 书＿＿＿、＿＿＿、＿＿＿
3. 牛＿＿＿、＿＿＿、＿＿＿
4. 门＿＿＿、＿＿＿、＿＿＿
5. 车＿＿＿、＿＿＿、＿＿＿
6. 纸＿＿＿、＿＿＿、＿＿＿
7. 红＿＿＿、＿＿＿、＿＿＿
8. 热＿＿＿、＿＿＿、＿＿＿
9. 家＿＿＿、＿＿＿、＿＿＿
10. 山＿＿＿、＿＿＿、＿＿＿
11. 花＿＿＿、＿＿＿、＿＿＿
12. 海＿＿＿、＿＿＿、＿＿＿

解释下面句子中划线的偏正式合成词的意思

1. 据说<u>真空锅</u>不但安全,而且节约能源。
2. <u>暴雨</u>对这一地区的交通造成了破坏。
3. 两军展开了<u>巷战</u>。
4. 我们把这个叫<u>香菜</u>。
5. 她的<u>耳环</u>很好看。
6. 她打<u>棒球</u>打得很好。
7. 到云南石林旅游最好是能赶上撒尼族的<u>火把节</u>。
8. 他回家以后立刻把盆里的<u>尿布</u>洗了。
9. 这个东西是<u>白金</u>做的。
10. 春天,树上爬满了<u>毛毛虫</u>。
11. <u>虫草</u>是很名贵的中药。

二、阅读训练

阅读 1

《家庭日用大全》目录

指出在哪一部分可以找到你需要的内容

1. 你养的小狗病了,你会看第____部分。
2. 你想去杭州旅行,你会看第____部分。
3. 你的电视机有点问题,你会看第____部分。
4. 你想做一个四川菜,你会看第____部分。
5. 你有点不舒服,你会看第____部分。
6. 你种的花老长不好,你会看第____部分。
7. 你想学习照相,你会看第____部分。
8. 有一件衣服你不知道可不可以用水洗,你会看第____部分。
9. 你想给孩子做一件衣服,你会看第____部分。

1. 家庭道德与礼貌　　　　3. 家庭法律顾问
2. 家庭幼儿教育　　　　　4. 家用电器常识

5. 日用品常识
6. 纺织品常识
7. 服装制作
8. 织毛衣
9. 烹调
10. 家具制作
11. 房间布置
12. 国内旅游
13. 国外旅游
14. 植物种植
15. 宠物饲养
16. 钓鱼
17. 照相
18. 医药常识
19. 运动与健身
20. 生活小知识

（摘自上海文化出版社《家庭日用大全》）

生　词

道德　dàodé　（名、形）　morals;morality　人们共同生活及其行为的准则和规范。
烹调　pēngtiáo　（动）　做饭、做菜。
宠物　chǒngwù　（名）　人们在家里饲养的受人喜爱的小动物,如:猫、狗。
饲养　sìyǎng　（动）　feed　喂养(动物)。

| 阅读 2 |

《美国旅游便览》目录

指出在哪一部分可以找到以下需要的内容

1. 看病,第____部分,第____项。
2. 上大学,第____部分,第____项。
3. 参加酒会,第____部分,第____项。
4. 换钱,第____部分,第____项。
5. 买飞机票,第____部分,第____项。
6. 看电影,第____部分,第____项。
7. 逛商店,第____部分,第____项。
8. 黑人和白人的关系,第____部分,第____项。
9. 上餐厅,第____部分,第____项。

第一部　美国概况——人文与风俗

1. 最初观感
2. 风俗随文化而异

3. 文化差异：个人方面
4. 文化差异：民族方面
5. 美国的学校
6. 社交生活的礼仪

第二部　有关美国的一些有用的资料

1. 气候与面积
2. 在美国旅行
3. 美国货币
4. 找住处
5. 食物和饮食习惯
6. 邮政、电话、电报
7. 健康与安全
8. 购物
9. 娱乐活动

（摘自今日世界出版社《美国旅游便览》）

生　词

概况　gàikuàng　（名）　general situation　大概的情况。
观感　guāngǎn　（名）　看了以后的感觉。
社交　shèjiāo　（名）　social intercourse　社会交往。
礼仪　lǐyí　（名）　etiquette；rite　社会活动中的礼节和仪式。
娱乐　yúlè　（名、动）　快乐而有趣的活动；使人快乐。

阅读 3

《汉语 900 句》目录

指出在哪儿可以找到你想学的内容

1. 住宾馆,可以看第____页。
2. 在餐厅吃饭,可以看第____页。
3. 谈论足球比赛,可以看第____页。
4. 在海关,可以看第____页。
5. 去寄信,可以看第____页。
6. 丢了东西,可以看第____页。
7. 马上要离开中国了,可以看第____页。
8. 去换钱,可以看第____页。
9. 在城市里迷路了,可以看第____页。
10. 在商店,可以看第____页。

日常用语	1	看病	245
在中国大使馆办签证	84	理发和洗衣服	267
入境	94	在照相馆	281
住旅馆	113	寻找失物	288
买东西	125	游览	298
问路和乘车	168	文化娱乐活动	317
打电话	191	参观	343
上银行	205	旅行	360
在邮电局	215	告别	388
用餐	230	练习答案	408

(摘自《汉语900句》)

生　词

迷路　mílù　get lost　不知道自己在哪里，找不到自己的目的地。
入境　rùjìng　进入别的国家。
失物　shīwù　（名）丢失的东西。

阅读 4

卡拉 OK 在意大利

　　卡拉 OK 刚传到意大利时，并没有引起人们的注意，在商业上也没有获得什么利益。一些娱乐场所安装卡拉 OK 只是为吸引顾客，不用付钱也能唱，但是唱的人也不多。可是，意大利一家电视台举办的卡拉 OK 现场大赛却意外地获得成功，深受年轻人的喜爱。这个节目每个星期六播出，地点在意大利的各个城市。参加比赛的人分成两队，大赛还常常邀请一些有名的人参加，由观众直接选出优胜者。

　　这个节目的主持人是个年轻英俊的小伙子，能歌善舞，还梳着一根小辫子。他几年以前是一个餐厅的服务员，可是现在他已经成了无数少女崇拜的偶像。

(根据《南方都市报》1997年3月19日文章改写)

根据短文判断正误

(   )1. 这篇文章写的是关于卡拉OK在意大利的情况。
(   )2. 举办卡拉OK现场大赛获得成功的是一家餐厅。
(   )3. 喜欢参加卡拉OK比赛的是年轻人。
(   )4. 卡拉OK比赛播出的时间是星期天。
(   )5. 评选优胜者的人是有名的人。
(   )6. 这个节目的主持人以前是餐厅的服务员。
(   )7. 特别喜欢这个节目主持人的是年轻英俊的小伙子。

生　词

英俊　yīngjùn　（形）　漂亮（常指男性）。
梳　　shū　（动）　to dress(hair)　整理头发或动物的毛发。
辫子　biànzi　（名）　braids；pigtail　编起来的一束头发。
崇拜　chóngbài　（动）　to worship　非常喜爱、敬佩。
偶像　ǒuxiàng　（名）　非常喜爱、敬佩的一个人。

第九课

一、技　　能

猜词之二：通过语素猜词（四）

在前几课我们学习了几种合成词的构成方式，这一课我们学习另外三种合成词。

一、述宾式合成词。述宾式合成词是一种重要的构词方式，在意义上前一个语素表示动作行为，后一个语素表示行为支配的对象。如："招生"就是"招收（动作行为）学生（动作行为的支配对象）"，"满意"就是"满足了（动作行为）意愿（动作行为的支配对象）"。再比如："关心"、"动人"、"悦耳"、"带头"、"伤心"、"吹牛"等，也都是述宾式的合成词。

二、补充式合成词。补充式合成词也是一种重要的构词方式，在意义上前一个语素表示某种动作行为，后一个语素表示这种动作行为的结果或趋向。简单地说，就是前一个语素说一个动作行为，后一个语素说做了以后怎么样。如："改正"，动作行为是"改"，结果是"正确"；"说明"，动作行为是"说"，结果是"明确，明白"。再比如："打倒"、"看透"、"推翻"、"降低"、"提高"等也都是补充式合成词。

三、主谓式合成词。主谓式合成词也是一种重要的构词方式，在意义上前一个语素表示动作行为的主体，后一个语素表示某种行为变化。就是说，后一个语素说明前一个语素怎么样了。如："头疼"就是"头（主体）疼痛（怎么样了）"；"地震"就是"地（主体）震动（怎么样了）"。再比如："眼花"、"口吃"、"心细"、"性急"、"肉麻"、"年轻"等，也都是主谓式合成词。

练习

将下列述宾式合成词和补充式合成词区分开来并说明理由

改进	打仗	揭穿	逃学	征服	战胜	认清	说不得
罚款	扩大	报名	抓紧	改善	加强	办事	打得开
洗澡	搅乱	跑步	犯法	扫盲	指明	回信	说不上

选择一个字组成一个新的补充式合成词并说明选其他的字是什么合成方式

折(散、墙、房)　　　处(事、死、理)　　　打(球、鱼、垮)
放(假、声、松)　　　判(刑、官、明)　　　收拢、钱、拾)
说(话、理、服)　　　战(士、斗、胜)　　　制(度、伏、造)

说出下列划线词语的大概意思,并说明它们的合成方式

1. 我总觉得这人有点儿<u>面熟</u>。
2. 他常常在外边<u>兼职</u>。
3. 我<u>看透</u>了他的鬼把戏。
4. 医生说是<u>骨折</u>,要休息几个星期。
5. 他一大早就去公园<u>遛鸟</u>了。
6. 别<u>起誓</u>了,我信你。
7. 我一喝酒就<u>头晕</u>。
8. 敌人的堡垒被彻底<u>摧毁</u>了。
9. 他怎么也<u>想不通</u>。
10. 他太<u>性急</u>了。

二、阅读训练

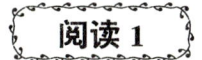

《日本人》目录

指出在哪一部分能找到你需要阅读的内容

1. 关于日本的国会,第____部分,从第____页起。
2. 关于日本与外国的贸易情况,第____部分,从第____页起。
3. 关于日本的佛教,第____部分,从第____页起。
4. 关于日本中小学的情况,第____部分,从第____页起。
5. 关于日本文化与中国文化的关系,第____部分,从第____页起。

6. 关于日本的农业,第____部分,从第____页起。
7. 关于日本的公司,第____部分,从第____页起。

序言 …………………………………… 1
第一部分　自然环境
　1. 土地 ………………………………… 7
　2. 农业和自然资源 ………………… 17
　3. 孤立状态 ………………………… 31
第二部分　历史背景
　4. 早期的日本 ……………………… 41
　5. 中央集权的封建制度 …………… 55
　6. 明治维新 ………………………… 78
　7. 立宪制度 ………………………… 88
　8. 军国主义 ………………………… 98
　9. 美国占领下的改革 ……………… 108
　10. 战后的日本 …………………… 116
第三部分　社会情况
　11. 不断变化的社会 ……………… 129
　12. 日本人的个性 ………………… 146
　13. 等级观念 ……………………… 155
　14. 集体主义 ……………………… 167

15. 教育 …………………………… 179
16. 企业 …………………………… 192
17. 大众文化 ……………………… 211
18. 妇女 …………………………… 220
19. 宗教 …………………………… 231
第四部分　政治制度
20. 天皇 …………………………… 257
21. 国会 …………………………… 271
22. 政府机构 ……………………… 279
23. 选举制度 ……………………… 290
24. 政党 …………………………… 300
第五部分　日本与外部世界
25. 中华文化的影响 ……………… 312
26. 战争的经历 …………………… 325
27. 国际贸易 ……………………… 342
28. 对外部世界的依赖 …………… 358
29. 语言 …………………………… 367
30. 未来 …………………………… 376

（摘自上海译文出版社《日本人》）

生　词

孤立　gūlì　（形）isolated　和其他事物没有关系。
背景　bèijǐng　（名）background　对人物、事件起作用的历史情况和现实环境。
立宪　lìxiàn　　君主国家制定宪法,实行议会制度。
占领　zhànlǐng　（动）occupy　用武装力量取得(领土、阵地)。
个性　gèxìng　（名）personality　在一定的条件下形成的比较固定的特性。

阅读 2

徐福与日本人

据《史记·秦始皇本纪》记载,公元前219年,齐人徐福等人告诉秦始皇,说海上有三座仙山,上面有长生不老药,希望秦始皇准许他们去那里找这种药。秦始皇答应了,派徐福带领几千童男童女去了。后来到达没有?《史记·秦始皇本纪》没有说,有的史书说到达了,也有的说没有到达。到了唐朝,很多日本留学生来中国留学,中日海上交通变得比较方便,有人又根据当时的情况说徐福带领的几千童男童女实际上去的就是日本。

据说单姓的日本人就是童男童女的后代。徐福的子孙在日本原来姓秦,明治维新以后才改换其他的姓。他以前住的地方叫徐家山,有的说在熊指山下,有的说在新宫山下。一位清朝外交官说他去过和歌山的新宫山,在当地人的带领下见到了徐福墓。墓前有一块石碑,说明徐福的生平,传说碑文是朝鲜人写的。

不管怎样,在传说中徐福与日本的关系是很密切的。徐福渡海赴日的传说,从一个侧面反映了中日两国人民悠久的文化交流史。

(根据赵仲邑《蜗居漫笔》改写)

根据文章判断正误

( )1. 据说徐福是219年前到日本去的。
( )2. 据说徐福到日本去是为了找一种药。
( )3. 徐福肯定到达了日本。
( )4. 据说徐福在日本的子孙原来姓秦。
( )5. 据说日本有徐福墓。
( )6. 这篇文章主要是说关于徐福去日本的传说。

生　词

仙　xiān　(形)　immortal;celestial being　神奇美妙,有超过人类的神通。
墓　mù　(名)　grave　埋葬死人的地方。
侧面　cèmiàn　(名)　side;aspect　旁边的一面(区别于"正面")。

阅读3

"狗不嫌家贫"和"子不嫌母丑"

狗是很聪明的动物,但也有不太聪明的时候。乞丐挂着一根棍子,拿着一个碗,到处讨饭,一条瘦狗紧紧地跟着他。要到饭了,人和狗分着吃。狗不会因为看到较好的地方就离开主人,所以说狗不算太聪明,但它有一份义气。

在儿女的眼里,母亲应该是最美最可爱最可以相信的人了。人有丑的,可母亲没有丑的。母亲会老,但不会丑。没有失去人性的人都会感激他的母亲,谁会嫌他的母亲丑呢?

"子不嫌母丑,狗不嫌家贫"这句话很好。不过嫌贫爱富恐怕是人之常情,真正不嫌贫爱富的恐怕只有狗了。

有个受过高等教育的人家,来客人时,总会有一个穿着破旧衣服的老妇给他们倒茶,主人也不介绍,客人就以为那个老妇人是佣人,后来才知道那是他的母亲。

"狗不嫌家贫"是真的,"子不嫌母丑"却不一定。

(根据梁实秋《雅舍散文》改写)

选择正确答案

1. 这是一篇：
   A. 动物学的论文　　B. 社会学的研究报告　　C. 给朋友的信　　D. 散文
2. "所以说狗不算太聪明,但它有一份义气"中,"义气"的意思应该是：
   A. 傻里傻气　　B. 机智灵活　　C. 关怀体贴　　D. 忠诚无私
3. "人有丑的,可母亲没有丑的。母亲会老,但不会丑"表达的意思是：
   A. 母亲的相貌不会变丑
   B. 儿女永远热爱他们的母亲
   C. 儿女们维护自己母亲的形象
   D. 母亲变丑时儿女也老了,所以不觉得母亲丑了
4. 作者觉得可以理解的是：
   A. 不爱自己的母亲　　　　B. 嫌贫爱富
   C. 觉得自己的母亲丑　　　D. 狗不嫌家贫
5. 作者对那个"受过高等教育的人"的态度是：
   A. 开玩笑的　　B. 称赞的　　C. 理解的　　D. 看不起的

生　词

乞丐　qǐgài　（名）　beggar　靠乞讨生活的人,要饭的。
拄　zhǔ　（动）　lean on(a stick, etc)　为了支持身体用棍杖等顶住地面。
义气　yìqì　（名）　personal loyalty　为了别人而甘愿牺牲自己的利益或承担风险。
人之常情　rénzhīchángqíng　人表现出来的自然、正常的感情或行为。
佣人　yòngrén　（名）　在别人家里帮助别人处理家务(如：做饭、清洁)的人。

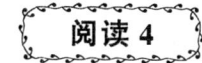

冒充土著人的澳大利亚白人作家

澳大利亚一个白人作家利昂用了一个土著妇女的名字写了一本小说《我的美好时光》,受到当地文坛的一致好评,并赢得"多比文学奖",这个奖是为了特别鼓励女作家而设立的。1996年,这本小说被澳大利亚政府列入高中考试的内容。

后来大家发现了这个秘密,利昂也承认了他冒充土著居民的事实。但是当地的土著居民还是感到非常愤怒,因为不久以前已经有一个八

十一岁的老妇冒充土著艺术家而被揭发。

近几年来,澳大利亚文艺界偏爱土著居民的作品,特别是土著女艺术家的作品,这就导致有人为了获得成功而冒充土著居民。

(根据《南方都市报》1997年3月24日梁宝怡文章改写)

选择正确答案

1. "土著"是什么意思?
   A. 农民　　B. 很土气的人　　C. 当地原先的居民　　D. 著名的人
2. "文坛"的意思是:
   A. 文学界　　B. 漂亮的花坛　　C. 有花纹的坛子　　D. 语文团体
3. "鼓励"的意思是:
   A. 在精神或物质上表示对某种行为的理解和支持
   B. 努力地实现自己的理想
   C. 对某种事情表示赞赏
   D. 对某些事情采取特别的方式对待
4. 与"承认"意思相反的是:
   A. 承担　　B. 确认　　C. 认识　　D. 否认
5. "冒充"的意思是:
   A. 冒险　　B. 假装　　C. 充分　　D. 补充
6. 与"揭发"意思相近的是:
   A. 打开并发展　　B. 打开并发生　　C. 发现并报告　　D. 发展并报告
7. "偏爱"的意思是:
   A. 非常热爱　　B. 不合理地热爱
   C. 特别喜爱其中的某个或某些　　D. 同时喜爱几个方面的人和事

生　词

一致　yīzhì　(形)　no difference; identical　一起;一同;没有分歧。
好评　hǎopíng　(名)　high opinion; favourable comment　好的评价。
设立　shèlì　(动)　成立、建立(组织、机构等)。
导致　dǎozhì　(动)　cause; result in　引起。

第十课

单元复习

一、语汇训练

找出与划线部分意思接近的词语

1. 这对热恋中的男女完全不听别人的劝告。
   A. 热烈地恋爱 B. 怀恋思念 C. 批评 D. 鸳鸯
2. 这个国家贫富悬殊的情况越来越严重,富人越来越富,穷人越来越穷。
   A. 悬崖 B. 特殊 C. 悬念 D. 差别
3. 他们拟订了一个新的教学计划,老师们都觉得比旧的好。
   A. 制定 B. 相似 C. 预订 D. 模拟
4. 她把所有的数字又校对了一遍,发现了几个错误。
   A. 学校 B. 比较 C. 查对 D. 对象
5. 她说话不连贯,说几个字停几秒,一句话说了几分钟才说完。
   A. 清楚 B. 习惯 C. 连续 D. 连忙
6. 很多人指责小王的行为,认为他做了一件错事。
   A. 批评 B. 指导 C. 负责 D. 还债
7. 他的所作所为很无耻,我以后再也不把他当成朋友了。
   A. 静止 B. 无私 C. 无聊 D. 卑鄙
8. 这个人的身材很匀称。
   A. 称职 B. 押韵 C. 和谐 D. 秤杆

将划线的词与合适的解释匹配起来

1. (　　)他一直没有工作,所以很拮据。　　A. 人在衣着或其他方面入时
2. (　　)这种新药尚没有公开出售。　　B. 非常少的一点儿
3. (　　)他买了一辆几十万美元的豪华汽车。　　C. 父母兄弟子女等亲人

4. (　　)退休以后他总是觉得无聊。　　D. 数量很少,不够多
5. (　　)他去欧洲洽谈业务。　　E. 没有事儿干
6. (　　)她很时髦。　　F. 还
7. (　　)我顺便去看望了一个同学。　　G. 说大话
8. (　　)不要奢求他会给你什么帮助。　　H. 缺钱
9. (　　)骨肉分离是很痛苦的。　　I. 高级
10. (　　)大教室里稀稀拉拉地坐了几个学生。　　J. 接洽商谈
11. (　　)他又吹牛皮了。　　K. 过高的要求
12. (　　)我们丝毫不能放松对自己的要求。　　L. 趁着做某事的方便做另外一件事

下面说的这句话你会用哪个成语来形容

置之不理　别具匠心　一举两得　昙花一现　可望而不可及
兴致勃勃　耳目一新　满面春风　海底捞针　莫须有

1. 在北京工作既可以学习汉语又可以常常和女朋友见面。_____
2. 这种家具前一阵很流行,可是很快就没有人喜欢了。_____
3. 他的方法真是很特别,我们都没想到。_____
4. 我上街的时候把钥匙丢了,但我不知道在什么地方丢的,我想去找。_____
5. 公司完全改变了原来的方法,现在的经营情况非常好。_____
6. 大家都玩得很高兴,一点儿也不觉得累。_____
7. 他说我偷了他的钱包,可是我根本没有偷。_____
8. 我告诉他好多次,可他根本不管。_____
9. 老板今天心情不错,笑着跟我们打招呼。_____
10. 我非常喜欢BMW,但我买不起。_____

二、阅读训练

阅读 1

"Don't forget the starving children in China"

一天,我在一位美国人家做客。主人有两个小男孩,活泼可爱,非常调皮。吃饭时,小的那个孩子抱怨妈妈给他盛的食物不好吃,就推开盘子不吃了。这时他的爸爸妈妈都板起了脸,教训孩子不能浪费食物,必须吃完盘子里的东西。爸爸还对孩子说了一句已多次令我不自然的话:"Don't forget the starving children in China."(不要忘了那些饥饿的中国孩子)说完后,主人忽然意识到有我这个中国人在座,便又赶忙向我解释这只是一句普通的美国俗话,并说他知道今天中国人民的生活已经有了很大的提高,已经没有饥饿了,请我原谅他等等。其实我不是头一次从美国人的口里听到这句话,也知道他们并无冒犯中国人的意思,当然不会跟他们计较,但每次听到这句话时都有些感慨:一来为中国现在的成就感到无比自豪,因为饥饿已离中国孩子而去;二来也佩服美国人教育孩子的方法,虽然他们的国家很富有,而且特别强调自由,可是我很少见他们像中国人那样娇惯孩子的。

"养不教,父之过。子不学,非所宜。"《三字经》说得好。多对孩子讲一点"谁知盘中餐,粒粒皆辛苦"的道理,千万不要让孩子染上那种蛮横的恶习,这恐怕比什么都好。

(根据《羊城晚报》1996年2月15日文章改写)

一、判断正误

( )1. 作者是中国人。
( )2. 作者请美国人吃饭。
( )3. 作者觉得美国人有意侮辱中国人。
( )4. 作者对中国现在的经济状况感到骄傲。
( )5. 作者似乎比较欣赏美国人教育孩子的方法。
( )6. 作者似乎批评了中国人教育孩子的方法。
( )7. 这篇文章主要是谈中美语言的差异。

二、找出与划线词语意思接近的项

1. 孩子抱怨妈妈给他盛的食物不好吃。
   A. 拥抱   B. 思念   C. 放   D. 鸳鸯
2. 他们教训孩子不能浪费食物。
   A. 拥抱   B. 思念   C. 批评   D. 鸳鸯
3. 他赶忙向我解释这只是一句非常普通的美国俗话。
   A. 风俗   B. 笑话   C. 情话   D. 土语
4. 今天的中国经济蓬勃发展,再无饥饿。
   A. 没有食物   B. 讥讽嘲笑   C. 粮食   D. 饱满
5. 我一来为中国现在的成就感到无比自豪。
   A. 豪华   B. 自私   C. 骄傲   D. 豪迈
6. 我二来也佩服美国人教育孩子的方法。
   A. 敬佩   B. 佩带   C. 服务   D. 说服
7. 千万不要让孩子染上那种蛮横的恶习。
   A. 厌恶   B. 习惯   C. 不好的习惯   D. 恶劣的风气

生　词

调皮 tiáopí （形） naughty　顽皮(多用于小孩子)。
意识 yìshi （动） be aware of;realize　察觉到。
冒犯 màofàn （动） offend　言语或行动没有礼貌,冲撞了对方。
计较 jìjiào （动） 争论;计算比较;打算、计议。
娇惯 jiāoguàn （动） indulge(a child);spoil　纵容孩子养成不良习惯或作风。
蛮横 mánhèng （形） rode and unreasonable　粗暴不讲道理。

阅读 2

广州人与饮茶

广州是一座具有两千多年历史的古城。它是广东省政治、经济、文化和交通的中心,也是华南最大的城市。广州的饮食早就闻名国内外。广州的食物精美丰富,广州人的饮食风俗也复杂多样。俗话说:"生在杭州,死在柳州,穿在苏州,食在广州。"这的确是用最精练的语言赞美了广州的饮食文化。

老广州早上见面时的寒暄语常常是:"饮咗茶未?"意思是:"喝过茶没有?"可见,广州人是特别爱好喝茶的。广州人的"喝茶"不是光喝茶,还要吃品种繁多的点心。广州的大小茶楼酒馆,大都经营"三茶两饭",即早、午、夜三次"茶市"和午、晚两次"饭市"。人们必定先茶后饭,尤其是喝早茶。人们通常很早起床,上茶楼饭馆泡上一壶好茶,边品茶边聊天、看报纸,少则个把小时,多则几个小时。广州人把这叫"叹茶","叹"在广州话是"享受"的意思。

有客人来,一般都要请客人上茶楼饮茶,不然会被认为小气。广州人喝茶的礼节很多,稍不注意便会犯了忌讳。比如,给别人斟茶,只能斟大半杯,斟满了会被视为"不礼貌"。再比如,别人为自己斟茶,不能坐视不理,必须用右手中指和食指弯曲,在桌子上轻轻叩点三下,表示敬意。据民间传说,这一习俗起源于清代。有一年,乾隆皇帝微服下江南巡视,与随从上茶楼喝茶。皇上自己斟了茶以后,顺手给随从也斟了茶。随从见皇上为自己斟茶,赶忙要下跪叩头谢恩,但他怕暴露了皇上的身份,于是急中生智,用双指弯曲,在桌子上轻轻叩点三下,代替下跪叩头之礼。从此,这个动作便流传民间,成为一种饮茶礼节,代替了"谢谢"。

(根据世界知识出版社《中华民族饮食风俗大全》改写)

选择正确答案

1. 这篇文章主要介绍的是：
   A. 广州的食物的特点　　　　B. 广州的饮食习俗
   C. 广州食物的制作方法　　　D. 广州的茶楼与皇帝的关系

2. "食在广州"的意思是：
   A. 广州的食物很有意思　　　B. 广州的饮食习俗跟别的地方不一样
   C. 在广州吃东西很方便　　　D. 广州在吃的方面最好

3. 广州的茶楼酒馆一般每天有几次时间可以专门"喝茶"？
   A. 五次　　B. 两次　　C. 三次　　D. 无数次

4. 广州人喝早茶时一般是：
   A. 很晚才到茶楼，然后慢慢喝茶　　B. 很早就到茶楼，然后慢慢喝茶
   C. 只慢慢地喝一壶茶　　D. 很早就到茶楼，吃了点心就走

5. 哪一个是不正确的：
   A. 有客人来了才到茶楼喝茶　　B. 客人来了一般都去茶楼喝茶
   C. 喝茶时聊天、看报纸　　D. 广州人很爱到茶楼喝茶

6. 斟茶时什么行为是不礼貌的？
   A. 给别人斟了大半杯茶　　B. 给别人斟了满满一杯茶
   C. 用指头在桌子上叩点三下　　D. B 和 C

7. "有一年，乾隆皇帝微服下江南巡视"中的"微服"是什么意思？
   A. 稍微带了一点儿东西　　B. 只穿了很少的衣服
   C. 没有服务人员　　D. 不公开身份，穿着便装

8. "用双指弯曲，在桌子上轻轻叩点三下"中的"弯曲"的意思是：
   A. 委曲　　B. 不直　　C. 拐弯抹角　　D. 海湾

生　词

寒暄　hánxuān　（动）　exchange of greetings　见面时谈一些天气冷暖之类的应酬话。
品　　pǐn　（动）　尝试滋味、辨别好坏。
忌讳　jìhuì　（名）　taboo　因风俗习惯或个人理由等，对某些言语或举动有所顾忌，慢慢形
　　　　　　　　　　　　成的禁忌。
叩　　kòu　（动）　敲。
叩头　kòutóu　kowtow　（动）　磕头。

阅读 3

家长的文化程度与子女成才

西方社会学者普遍认为：家长的文化程度越高，子女的学习成绩和品德表现也越好，母亲对子女的影响更大。中国青少年研究中心对我国4000名杰出青年进行的一项调查中，却发现了一些有趣的现象。调查表明：杰出者的父母多为普通劳动者，半数以上是工人、农民；1/5以上的母亲没有职业；68%的父亲只有初中文化程度；母亲的文化程度更低，1/3以上是文盲，1/3仅为小学毕业。贫穷的家庭出英才，这些父母热切地希望子女通过受教育摆脱贫困和愚昧，他们对子女的期望较高，在教育上的投入也比较多。

过去认为，人的智力发育在五岁以前已经基本定型。这次调查发现：对青年成才起决定性作用的时期有两个，初中阶段和高中毕业后，尤其是初中阶段。

(根据《生活时报》1996年4月17日文章改写)

一、判别正误

(   )1. 西方社会学者的研究结果与中国的实际情况不符合。
(   )2. 中国的调查结果表明：家长的文化程度越高，子女也就更容易有成就。
(   )3. 中国杰出人士的父母文化程度多数不高。
(   )4. 在中国，母亲的文化程度对子女能否成功影响很大。
(   )5. 文化程度低的父母不太注意孩子的教育问题。
(   )6. 儿童时期的智力不能决定一个人今后的智力和成就。

二、将词语与合适的解释连接起来

1.(   )热切   A. 固定形状
2.(   )愚昧   B. 有意思的
3.(   )杰出   C. 事物的外部表现
4.(   )有趣   D. 热烈恳切
5.(   )现象   E. 没有知识
6.(   )定型   F. 特别好的

生　词

品德　pǐndé　（名）　moral character　品质道德。
文盲　wénmáng　（名）　没有受过教育、不认识字的人。
英才　yīngcái　（名）　杰出的人才。
摆脱　bǎituō　（动）　cast off；free oneself from　脱离（牵制、困难、束缚、不好的情况等）。
发育　fāyù　（动）　growth；development　生物成熟之前，机能和构造向成熟的方向发展。

阅读 4

广告·公告

根据广告回答问题

1. 这儿有药品广告吗？
2. 这儿都是商业广告吗？
3. 这儿有外国产品的广告吗？
4. 这儿有电脑广告吗？
5. 这儿有汽车广告吗？
6. 这儿的教学广告是学习什么的？
7. 这儿有招聘广告吗？
8. 这儿有政府的公告吗？
9. 这儿有出售房屋的广告吗？
10. 这儿有家具商店的广告吗？

金海马新款家具换季大酬宾 两用沙发　580元　　餐桌　　　320元 安乐椅　　198元　　卧室系列　2540元 法国衣柜　2090元　意大利真皮大床　980元 原木书架　180元　　大理石茶几　98元 家具保用一年，床垫保用十年； 免费上门安装，跟踪服务一年。 天河北大厦金海马家具广场	**优惠学车4900元** 　　飞达机动车培训中心是一个大型企业，教学经验丰富，拥有多名驾驶教练员和两个正规训练场。为感谢广大学员对我中心的厚爱，特将5～6月定为优惠学车月，大车5600元，小车4900元。公司地址：广州市五羊新城36号一楼。电话：87355861

看不见的问题　看得见的解决之道 　　——IBM PC'97全国八城市巡回展 [今日之星]全面展示IBM PC家族新产品和新技术 [新工作时代]模拟办公环境，展现IBM PC新型商用台式机和办公套件的全新世界 [网上商机]展现IBM PC服务器、LOTUS NOTES工作群软件和IBM网络打印机共同架构的新型网络工作模式 [移动办公室]充分感受IBM THINKPAD笔记本电脑的卓越功能 [世界的共同语言]亲身体验APTIVA多媒体电脑的特有魅力 [蓝色快车]售后服务由被动变主动 IBM PC"解决之道"讲座 时间：1997年5月20日　13：30—15：30 　　　1997年5月21日　9：30—11：30 地点：花园酒店	**蜜丝美容学校** 　　采用美国专业教材，教授全套美容知识和操作。毕业颁发市教育局证书和省级岗位证。 日期：循环授课，随时可插班，不懂可以免费重学。 学费：380元 地址：同福路23号 电话：84185234	**成龙花园** 环境优美，交通方便。 管理完善，配套齐全。 现楼出售，即买即住。 一次性付款9.5折 3800元/米²起价 建设银行提供7成按揭 售房地址：北京路32号 售房热线：85673849 ERICSSON **爱立信手提电话** 广州专卖店 热烈祝贺 "5·17"世界电信日 15、16、17日购买爱立信手机送精美礼品爱立信收音机 TEL：87618832

广州市国土局、广州市房地产管理局征地通知
　　因建设需要，经广州市人民政府批准，我局决定以穗国土[1997]建用通字第137号《建设用地通知书》对白云区石井镇地段的土地（详见现场附图）共781米²予以征用，做广州市白云区石井镇兴建幼儿园使用。上述被征用土地的所有权者、使用权者、有权益主张者，应自本通知发出之日起，于一个月内向我局提出，各方协商解决有关补偿、安置等事宜。协商不成，将依法律程序解决。
1997年5月10日

（摘自1997年5月12日《广州日报》）

生　　词

家具　jiājù　（名）　家庭中使用的用具，如桌子、床、沙发等。

美容　měiróng　使人容貌美丽。

征地　zhēngdì　expropriation of land for public use　政府、军队等因为需要而征用土地。

第十一课

一、技　　能

猜词之三：简称（一）

简称就是把长的词减缩或紧缩成短的词语。例如清华大学减缩成清华,北京大学紧缩成北大。简称的方法是很多的,下面我们简单介绍几种：

一、减缩。就是只用原来的部分词语,如：经济特区减缩为特区,商品交易会减缩为交易会。特别当说到几个并列的事物时常用减缩,如广东、香港、澳门减缩成省港澳,工人、农民、士兵减缩成工农兵。

二、紧缩。就是从原来词语中抽取有代表性的词组成简称,它抽取的方式有所不同,但一般紧缩以双音节词语为多。例如：

1. 由原来词语的第一个语素组成：
   科学技术——科技　文化教育——文教　汇报演出——汇演
2. 由原来第一个词语的第一个语素和第二个词语的最后一个语素组成：
   扫除文盲——扫盲　练习唱歌——练歌　归国华侨——归侨
3. 由原来第一个词语的第二个语素和第二个词语的第一个语素组成：
   身体检查——体检　物理化学——理化　人民警察——民警

三、减缩、紧缩混合式。就是一个简称中有减缩,也有紧缩。如：
北京市体育运动委员会——北京市体委（在北京,只说"体委"也就行了）
北京市消费者协会——北京市消协（在北京,只说"消协"也就行了）
打击走私办公室——打私办

四、抽出原来词语中的共同部分,或概括原来的几个词语的共性加一个数词组成：

身体好、思想好、学习好——三好
农业现代化、工业现代化、国防现代化、科学技术现代化——四个现代化——四化
一手抓经济建设,一手抓思想道德建设——两手抓

简称在现代汉语中占的比例不小,随着社会的发展,它产生的数量越来越多,速度也越来越快。简称也是一种时效性、地域性、随意性都比较强的组词方式,有

时它也会产生歧义,也有不少简称不规范,同样的内容也可能有不一样的简称。对简称的理解是建立在把简称中语素还原成原来词语的能力上,如果能清楚地理解简称的意义,对提高阅读能力和速度都会有很大的帮助。

练习

把下列简称还原成原来的词语,并看看哪些简称会产生歧义

法规	警民	中美	展销	师生	军体院
两广	烟酒	车船	外办	环保	青少年
报刊	短训	监考	中行	北外	教研室
特区	港大	高院	教委	中共	中央台
文艺	广钢	经贸	人大	政工	教职员

把下列的词语变成简称

高等学校(2个字)　　　　　乱罚款、乱收费、乱摊派(3个字)
中等专业学校(2个字)　　　中国语言文学系(3个字)
作家协会(2个字)　　　　　十三次全国代表大会(3个字)
新华通讯社(3个字)　　　　精神文明、物质文明(4个字)
包退、包修、包换(2个字)　水费、电费(3个字)
职业高等中学(2个字)　　　华北、东北、西北防护林(5个字)
云南、贵州、四川(3个字)　亚洲足球联合会(3个字)
中国科学院(3个字)　　　　劳动改造(2个字)
工人运动会(3个字)　　　　剑桥大学(2个字)
香港商人(2个字)　　　　　广州中国出口商品交易会(3个字)

二、阅读训练

阅读 1

中国国民党第一次全国代表大会旧址

中国国民党第一次全国代表大会旧址,就在今天广州市文明路广东省博物馆的大钟楼内。

1924年1月20日～30日,孙中山先生在这里亲自主持召开了有中国共产党人李大钊、林伯渠、毛泽东、瞿秋白等人参加的国民党"一大",国共两党开始了第一次合作。会议改组了国民党,制定了联俄、联共、扶助农工的三大政策,通过了《中国国民党第一次全国代表大会宣言》。孙中山先生还在这里系统地讲述了三民主义。

会场旧址正中悬挂着孙中山先生的肖像,整个会场均按照当年实际的摆设来布置。此外,会议旧址还展出了孙中山先生在大会上的开幕词、孙中山先生和廖仲恺先生在纪念俄国十月革命大会上的照片、孙中山先生与共产党人李大钊并肩走出会场的照片,以及孙中山先生亲笔书写的、包括共产党人在内的国民党中央候补执行委员的名单等历史文献和照片。

(摘自广东科技出版社《广东旅游》)

判断正误

( )1. 中国国民党第一次全国代表大会旧址,就在今天的广州市。
( )2. 中国国民党第一次全国代表大会召开的时间是1942年。
( )3. 主持召开中国国民党第一次全国代表大会的是共产党人。
( )4. 中国国民党第一次全国代表大会开始了第二次国共合作。
( )5. 三大政策就是:联俄、联共、扶助农工。
( )6. 中国国民党第一次全国代表大会的旧址现在是一个博物馆。
( )7. 跟孙中山先生并肩走出会场的人是毛泽东。

生　词

旧址　jiùzhǐ　(名)　已经迁走或不存在的某个机构或建筑的旧时的地址。

宣言　xuānyán　（名）（国家、政党或团体）对重大问题公开表示意见以进行宣传号召的文告。
摆设　bǎishe　（动）　furnish and decorate(a room)　把物品按要求安放、布置。
文献　wénxiàn　（名）　document　有历史价值或参考价值的图书资料。

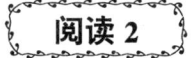

限制中学生的发型

"我想让女学生都留齐耳短发，男生的头发保持在两寸以内，高三学生例外，可以加长一寸。"天津第十七中学的王主任这样说。现在，这所中学已经成为全市少数几家限制学生发型的学校之一。

大多数学生对此不理解，有的甚至反映到新闻机构和政府部门。他们普遍认为统一发型没有必要，有一个女学生说："女生留长发更显得清纯。"家长们则双手赞成限制发型。一位姓张的家长表示，学生就该将主要精力用于学习。他听到这个规定后，马上就让孩子去把长发剪短了。另一个家长也说：学生需要引导，十七中的做法值得提倡。

教育界的权威人士认为：短发对学生的智力发育是有益的，统一的发型对培养学生的集体荣誉感和自律能力也是有帮助的。"其实我自己并没有想这么多。我只是觉得北京八中统一的发型很好看，就想学一学。效果怎样现在还很难说。"王主任说。

出人意料的是，十七中附近的理发店却非常关注这件事，老板们都希望这个规定能够长期保持下去。

（根据《南方都市报》1997年3月13日文章改写）

选择正确答案

1. 天津限制学生发型的学校：
   A. 比较普遍　　B. 不太普遍　　C. 只有第十七中学　　D. 所有的中学
2. "我想让女学生都留齐耳短发"中的"齐"是什么意思？
   A. 整齐　　B. 长度达到　　C. 清洁　　D. 刚好超过
3. 对于限制学生发型：
   A. 学生表示欢迎　　　　　　B. 家长表示欢迎
   C. 学生和家长都表示欢迎　　D. 新闻机构和政府部门表示欢迎

4. "女生留长发更显得清纯"中,"清纯"的意思是:
   A. 清洁   B. 秀丽纯洁   C. 纯粹   D. 聪明美丽

5. "学生就该将主要精力用于学习"的意思是:
   A. 学生应该有良好的学习精神
   B. 学生学习的时候应该精力旺盛
   C. 学生最应该关心的事是学习
   D. 学生应该用正确的学习方法来指导学习

6. 王主任认为:
   A. 统一的发型对培养学生的集体荣誉感和自律能力有帮助
   B. 短发对学生的智力发育有益
   C. 统一的发型好看
   D. A 和 B

7. 十七中附近的理发店非常关注限制发型的事可能是因为:
   A. 这件事跟他们的经济利益有关   B. 这件事让他们感到意外
   C. 这件事很有意思   D. 他们关心学生

8. "我只是觉得北京八中统一的发型很好看"中,"北京八中"的全称是:
   A. 北京市八级中学   B. 北京市八所中学
   C. 北京市第八中心学校 D. 北京市第八中学

生　词

权威　quánwēi　(形)　authoritative　使人信服的力量和威望。
荣誉感　róngyùgǎn　(名)　sense of honour　对光荣和名誉的感觉、重视程度。
自律　zìlǜ　(动)　自己约束、控制自己。
出人意料　chūrényìliào　事物的好坏、数量的大小、情况的变化出于人们的意料之外。

阅读 3

菩萨在中国

　　经过北周、隋朝以后,一进入唐朝,我们立刻可以发现,北魏以来佛教绘画中的印度风格一下子变成成熟的中国式佛教艺术风格。中国的画家不再以原先流行的佛教故事画为重点,而是喜欢画美丽的菩萨。

　　菩萨具备和佛一样的智慧和道德,他们非常关心世界上其他的人。中国人觉得菩萨像母亲,无论你做错了什么,他们都会原谅你。你有了困难，他们就会全心帮助你、保护你。这些菩萨都是伟大的神，他们具有无限的力量。可是，在画家的眼里，他们只是美丽的人。

菩萨在印度原来是男人的形象，有胡子，到了中国以后，中国人觉得菩萨慈悲，很像母亲，所以渐渐从男性变为女性。唐宋以后，菩萨大多没有了胡须。

菩萨常常盘膝而坐，低头沉思，好像在安静中得到智慧。菩萨的伟大是因为他们特别安静、祥和，心中没有贪婪、野心。菩萨和普通人没有太大的区别。只要我们安静、祥和，也可以有菩萨的智慧和美丽。

(根据蒋勋《中国美术史》改写)

判断正误

(　)1. 印度的佛教绘画一般是画美丽的菩萨。

(　)2. 中国人觉得菩萨像母亲。

(　)3. 印度的菩萨和中国的菩萨最大的不同是他们有没有胡子。

生　词

慈悲 cíbēi　（形）　mercy；pity　（原为佛教用语）慈善和怜悯。
盘膝而坐　pánxī'érzuò　sit cross-legged　盘着腿坐。

祥和　xiánghé　（形）　慈祥、温和。
贪婪　tānlán　（形）　（贬义）不知满足，贪得无厌。
野心　yěxīn　（名）　wild ambition　对名利、领土、权力的大而非分的欲望。

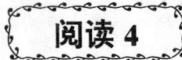

"购物天堂"香港

香港是世界上有名的"购物天堂"。它是一个实行自由贸易的自由港，大部分货物进出口都没有关税，因此同样的商品它就比世界上其他地区的便宜一些。许多人来到香港都会买大量的东西，这也带动了香港本地的经济，使它成为世界上一个重要的商业中心。

香港既有专门卖高档商品的购物中心，也有很多卖便宜货的小铺子，适合不同顾客的需要。但要小心的是：和世界上其他地方一样，香港也有一些商店经常会欺骗消费者，这样的商店多数在一些旅游者比较集中的地方，例如尖沙咀、铜锣湾等。但是有名的大商店信誉都很好，服务质量也很高，完全可以放心。"一分价钱一分货"这句老话是有些道理的，顾客受骗常常是从贪便宜开始的。当你发现受到欺骗时，一定要向当地的有关部门报告，香港消委会的一句宣传口号说得好："消费权益在你手，据理力争要开口。"

（根据高等教育出版社《粤语区人学习普通话教程》改写）

判断正误

（　）1. 香港的商品比其他的地区便宜是因为大部分货物进出口都没有关税。
（　）2. 一般到香港来的人不会买很多东西。
（　）3. 香港的商店都很高级。
（　）4. 香港那些欺骗顾客的商店主要在旅游者比较多的地方。
（　）5. 顾客受骗常常是因为他们想买便宜的东西。
（　）6. "香港消委会"是"香港消防委员会"的简称。
（　）7. "消费权益在你手，据理力争要开口"是一句俗语。

生　词

信誉　xìnyù　（名）　credit; reputation　信用和名誉。

口号 kǒuhào （名） slogan 供口头呼喊的、有纲领性和鼓动作用的短句子。
权益 quányì （名） rights and interests 应该享受的不可侵犯的权利。
据理力争 jùlǐlìzhēng 依据道理,竭力维护自己的权益、观点。

第十二课

一、技　能

猜词之三：简称（二）

　　汉语中地名常常都可以用简称，一般来说，每个地名的前一个字可以当作它的简称。如：云南、贵州、四川三省简称为云、贵、川；英国、法国、德国简称为英、法、德；广州到九龙的列车简称为广九列车；坦桑尼亚到赞比亚的铁路简称为坦赞铁路。

　　也有一些地名的简称不是用第一个字，而是用后一个字，如北京、天津、香港，它们的简称就是京、津、港。

　　中国还有一些地名除了可以用地名中的一个字来做简称外，还有特殊的简称，简称既不是前一个字，又不是后一个字，而是与原来地名完全不同的字。这些地方多是一些省或大城市的名字。如山东省、山西省、河北省就分别简称为鲁、晋、冀；上海市、广州市、重庆市就分别简称为沪、穗、渝。

中国省、市、自治区和主要城市简称

省、市、自治区名称	简称	省会城市/简称	其他主要城市及简称
北京	京		
天津	津		
上海	沪、申		
重庆	渝		
河北	冀	石家庄/石	
山西	晋	太原/太	大同/大
内蒙古	内蒙	呼和浩特/呼	包头/包
辽宁	辽	沈阳/沈	大连/大
吉林	吉	长春/长	
黑龙江	黑	哈尔滨/哈、哈市	
山东	鲁	济南/济	
河南	豫	郑州/郑	
江苏	苏	南京/宁、南	苏州/苏
安徽	皖、安	合肥/合	
浙江	浙	杭州/杭	

省、市、自治区名称	简称	省会城市/简称	其他主要城市及简称
江西	赣	南昌/昌	
福建	闽	福州/福、榕	厦门/厦
湖北	鄂	武汉/武、汉	
湖南	湘	长沙/长	
广东	粤、广	广州/穗、广	深圳/深；珠海/珠
海南	琼	海口/海	
广西	桂	南宁/邕	桂林/桂
甘肃	陇、甘	兰州/兰	
青海	青	西宁/西	
宁夏	宁	银川/银	
陕西	秦、陕	西安/西	
新疆	新	乌鲁木齐/乌	
四川	川、蜀	成都/蓉、成	
云南	滇、云	昆明/昆	
贵州	黔、贵	贵阳/筑、贵	
西藏	藏	拉萨/拉	
台湾	台	台北	高雄/高
香港(特别行政区)	港		

练习

下列的简称说的是什么

南昆铁路　　　　　　　俄美高级会谈
京九铁路　　　　　　　中韩经贸合作
中蒙边界　　　　　　　京沪产品展销会
成渝公路　　　　　　　沈大高速公路
两伊战争　　　　　　　陕甘宁边区
中日友好协会　　　　　美加足球友谊赛

把下列简称还原成原来的词语,并看看哪些简称会产生歧义

外院　　　　　　　　　云贵川
毛选　　　　　　　　　公厕

中唱	广电部
北外	新华社
贸促会	特别联大
首钢	环保系
体委	双百方针
青运会	师大
两院	商检
简介	三乱
一汽	内招

把下列的词语变成简称

美术学院(2个字)	四川—西藏公路(4个字)
航空灾难(2个字)	统一考试(2个字)
干部群众(2个字)	拥军优属、拥政爱民(2个字)
计划生育委员会(3个字)	北纬三十八度线(3个字)
对外经济贸易部(3个字)	魏国、蜀国、吴国(3个字)
第八个五年计划(4个字)	男子排球(2个字)
游泳协会(2个字)	空气调节器(2个字)
业余大学(2个字)	股票市场(2个字)
建设银行(2个字)	联合国教育、科学、文化组织(5个字)
违反纪律(2个字)	北京医科大学(3个字)
奥林匹克运动会(3个字)	中国—日本友好协会(4个字)

二、阅读训练

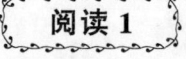
阅读1

我与文学

我们是浙江人,伯父及父亲不替政府机关做事,战后虽然回乡去看望过祖父,可是,家仍然定居南京。

在我们那时候的大宅子里,除了伯父及父亲的书房之外,在二楼还有一间被哥哥姐姐称做图书馆的房间。那个地方什么都没有,就是有个大窗对着窗外的梧桐树,房间内,全是书。

当时,我三岁吧!

记得我平生看的第一本书,是没有字的,可是我知道它叫《三毛流浪记》,后来,又多了一本,叫《三毛从军记》,作者是张乐平。我非常喜欢这两本书,虽然它的意思可能很深,但是我也可以从浅的方面去看它,有时笑,有时叹息,小小年纪,竟也有那份好奇和关心。

几年后一家人到了台湾,记得那时我看了一篇大概是鲁迅的文章,叫做《风筝》,看了很感动,一直到现在还记得内容,后来又去看《骆驼祥子》,便不大看得懂,又看了冰心写给小读者的东西。总而言之,那时候国语报纸不够看,一看便看完了,所以什么书拿到手来就给吞下去。

记得第一次看《红楼梦》,是在课堂上偷看的,我把书盖在裙子下面,老师一写黑板,我就掀起裙子来看。当我念到贾宝玉失踪,贾政泊舟在客地,当时,天下着茫茫的大雪,贾政写家书,正想着宝玉,突然见到岸边雪地上一个披猩猩大红氅、光着头、赤着脚的人向他俯身大拜下去,贾政连忙起身来要回礼,再一看,那人双手合十,面上似悲似喜,不正是宝玉吗?这时候突然上来了一僧一道,挟着宝玉高歌而去……

当我看完这一段时,我抬起头来,愣愣地望着前方同学的背,我呆在那儿,忘了身在何处,心里的滋味,已不是流泪和感动所能形容。我痴痴地坐着,痴痴地听着,好似老师在很远的地方叫着我的名字,可是我竟没有回答她。

老师居然也没有骂我,上来摸摸我的前额,问我:"是不是不舒服?"我默默地摇摇头,看着她,恍惚地对她笑了一笑。一刹那间,我顿时领悟什么叫做"境界",我终于懂了。

文学的美,终其一生,将是我追求的目标了。

《红楼梦》,我一生一世都在看下去。

(选自三毛《散文全集·背影》)

选择正确答案

1. 作者是:

A. 台湾人　　B. 北京人　　C. 南京人　　D. 浙江人

2. 作者家的经济情况似乎：

A. 很穷　　B. 比较有钱　　C. 一般　　D. 没有说

3. 作者三岁就：

A. 认识很多字　　　　　B. 开始看小说

C. 开始看儿童的图画书　　D. 开始写文章

4. 鲁迅的作品是：

A.《三毛流浪记》　B.《风筝》　C.《骆驼祥子》　D.《寄小读者》

5.《红楼梦》中，贾宝玉在哪儿向贾政俯身大拜？

A. 河边　　B. 寺庙里　　C. 客厅里　　D. 船上

6. 这篇文章主要说的是：

A. 作者的文学创作经历　　B. 文学对作者的影响

C. 作者对文学作品的评价　　D. 老师对作者的鼓励

生　词

氅　chǎng　（名）overcoat　外套。

恍惚　huǎnghū　（形）in a trance　神志不清楚。

一刹那　yīchànà　（名）in an instant; in a flash　极短的时间。

领悟　lǐngwù　（动）comprehend; grasp　明白，理解。

境界　jìngjiè　（名）a state of mind; a level of achievement in religious, arts practice　事物所达到的程度或表现的情况，多用于指思想、宗教、艺术水平所达到的高度。

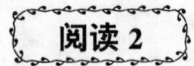

"春城"昆明

在文章中迅速查找并回答下面的问题

1. 昆明的年最热月气温是_____。

2. 昆明被称为_____。

3. 昆明一年中的春秋天气有_____天。

4. 昆明冬天光照充足，天气晴暖是因为_____。

5. 昆明有时一天的温差可以达_____。

昆明的年平均气温14.7℃。最冷月气温7.8℃;最热月气温19.9℃。全年冷热差异为12.1℃,相当于北京3～5月的天气。通常以候(5天为一候)气温在10℃以下为冬天,22℃以上为夏天,中间气温为春秋。从3～11月,有长达300天的春秋天气,可以说是短冬无夏,春秋相连。所以,昆明被称为"春城"。

昆明一年四季没有台风。冬天,北方寒潮由于路途遥远和高山的阻挡,很难对昆明有太大的影响,所以昆明的冬天依然光照充足,天气晴暖。夏天,由于昆明海拔较高,空气稀薄,天气晴朗时就温暖如春,而下雨时气温就会急剧下降。所以有人说昆明是"四季无寒暑,一雨便成冬"。

昆明一年中最冷月和最热月的气温仅相差12℃,四季冷热不明显。但是每天的温差却很大,有时一天中的最高气温和最低气温相差可以达到18℃,早晚冷,白天热。

(摘自上海教育出版社《春城昆明》)

生　词

寒潮　háncháo　(名)　从北方寒冷地带向南方侵袭的冷空气。
阻挡　zǔdǎng　(动)　阻止;拦住;不让通过。
急剧　jíjù　(形)　rapid　急速;迅速而剧烈。

阅读3

征婚启事

根据征婚启事判断

(　)1. 一个34岁的香港男士,健康英俊,现为某公司经理。比较适合(1女)的条件。

(　)2. 一个28岁的出租车司机,男,健康幽默,经济富裕。比较适合(3女)的条件。

(　)3. 一个25岁的农村姑娘,美貌动人,有5家养殖场。比较适合(2男)的条件。

(　)4. 一个22岁的女大学毕业生,温柔端庄,在一个小城市工作。比较适合(6

男)的条件。

(　　)5. 一个35岁的政府官员,男,主管人事工作。比较适合(3女)的条件。

1. 女,27岁,身高1.58米,端庄秀丽,身体健康,北京市户口,现在某国营大企业从事宣传工作。欲觅年龄35岁以下,性格开朗,身体健康,无不良嗜好,有一定事业基础的北京或海外未婚男士为偶。

2. 男,33岁,身高1.75米,大专文化,某医院医生,中级职称,身体健康,相貌端正,性格正直善良,有住房,离异无小孩。觅30岁以下,身高1.57米以上,品貌佳,贤惠温顺,有一定文化教养,有城市户口的女子为伴。

3. 女,24岁,身高1.60米,未婚,英语本科毕业,城市教师。体健貌美,肤白丰满,作风正派。觅26～33岁,本科以上学历,体健潇洒,性格幽默,事业有成,有调动能力的未婚男士为伴。

4. 男,64岁,身高1.70米,大专文化,某局离休干部,月薪1000元,身体健康,性格善良,丧妻,子女已独立。觅60岁以下,体健品优,善理家的女士为偶。

5. 女,52岁,身高1.55米,初中文化,退休工人,体健貌好,孩子已工作。觅身高1.60米以上,文化、年龄相当,身体健康,无烟酒嗜好,性格稳重,经济条件好的男士为偶。

6. 男,37岁,身高1.74米,硕士,广州市户口,身体健康,英俊潇洒,爱好广泛,在广州和深圳均有住房,某公司负责人,离异无牵挂,可为女方找工作。觅30岁以下,大专以上文化,秀丽、温柔、正派的女士为伴。

(根据《家庭》1997年4期文章改写)

生 词

征婚　zhēnghūn　　公开征求结婚对象。
启事　qǐshì　（名）　notice　为说明某事而登在报刊或其他地方的文字,如开张启事、招聘启事等。
户口　hùkǒu　（名）　registered permanent residence　政府正式登记的居民的法定居住地址。
觅　mì　（动）　找。
偶　ǒu　（名）　这里指丈夫或妻子,配偶。
相貌　xiàngmào　（名）　人的脸部长的样子。

第十三课

一、技　　能

猜词之四：词语互释（一）

某一个词位于上下文的语境中，读懂了上下文，就可能猜出生词的大致意义。有时它是互相解释，补充说明，我们知道了其中的部分，就能推断出某个词语的意思。例如：

1. 她没经领导同意，擅自决定提前考试。
2. 这个人很面熟，我一定在哪儿见过。
3. 爸爸是个老顽固，什么新东西都看不惯。

上面句子中"擅自"、"面熟"、"顽固"三个词语我们可能没学过。但是，我们从同义词互释可以知道，它们的意思应该和"没经领导同意（的行动）"、"一定在哪儿见过"、"什么新东西都看不惯"差不多。

练习

根据同义词互释，判断划线词语的意思

1. 她很<u>害羞</u>，一见到陌生人就不好意思说话。
2. 这部电影一点儿意思也没有，<u>味同嚼蜡</u>。
3. 他一次能喝一斤茅台酒，真是<u>海量</u>。
4. 他很<u>慷慨</u>，常常送很贵的礼物给朋友。
5. 我这部照相机是<u>无价之宝</u>，给我多少钱我都不会卖的。
6. 他整天都在说什么世界末日，太<u>玄</u>了，我不相信。
7. 他的生活很<u>颓废</u>，整天除了喝酒就是睡觉，什么也不干。
8. 他无论是跟爷爷说话还是跟弟弟说话都一样随便，<u>没大没小</u>。
9. 这是个<u>穷凶极恶</u>的罪犯，杀人放火，什么坏事都干。
10. 她马上就要回国了，同学们在饭馆请她吃饭，为她<u>饯行</u>。

11. 这部电影雅俗共赏,文化高的和文化低的人都能喜欢。
12. 你太迁就他了,他做错了你也不批评他。
13. 我和他素昧平生,从没有见过面。
14. 这个孩子很争气,什么事儿都比别人强。

二、阅读训练

阅读1

中国服装与世界先进水平的差距

中国服装的年产量达80亿件,连续五年居世界第一。出口额达240亿美元,连续两年成为世界冠军。

令人遗憾的是:中国到现在还没有一个在国际上真正知名的品牌。许多企业辛辛苦苦地帮外国公司加工名牌服装,贴上外国的牌子,一件可以卖几百美元。可我们自己出口服装的价钱平均每件还不到4美元,有些服装甚至是以重量为单位来销售。中国服装在国际上成了"大路货"的代名词。有些中国服装在款式、花色品种方面与外国名牌相似,但是仔细看就能发现,它的质地、做工的确不如外国货,中国服装与世界先进水平相比,还存在相当差距。

造成这种情况的原因是多方面的,有服装原料方面的,有服装设计方面的,有中国人消费水平与消费习惯方面的。令人振奋的是,中国纺织服装业已经认识到这一点,他们正在通过大规模技术改造提高自己在各方面的水平,相信中国服装能在不远的将来接近世界先进水平。

(根据《经济日报》1996年4月22日文章改写)

判断正误

(　)1. 中国服装的产量和出口量都是世界上最大的。
(　)2. 中国有许多国际品牌服装。
(　)3. 中国服装在国际市场很便宜。
(　)4. 中国服装是大有希望的。

生 词

大路货 dàlùhuò （名） 质量一般而销路很广的货物。
差距 chājù （名） disparity 事物之间的差别程度。

阅读 2

北京的饮食

在文章中迅速查找并回答下面的问题

1. 想了解北京饭馆的情况，你会注意第____段。
2. 想了解北京的小吃，你会读第____段。
3. 想了解有关烤鸭的情况，你会看第____段。
4. 想简要了解北京菜的概况，你会注意第____段。

北京菜又叫京帮菜，它是以北方菜为基础，并且吸收了其他风味后形成的。北京菜由于北京的特殊地位，所以能够集全国烹调技术之大成，形成自己的特色。

明清两代，在北京经营饭店的主要是山东人，所以山东菜在市面上占主导地位。吸收了汉满等民族饮食精华的宫廷风味并在广东菜基础上发展起来的谭家菜,也为京都菜带来了光彩。

北京菜中,最具特色的要算烤鸭和涮羊肉。烤鸭是北京名菜,最早的烤鸭店老便宜坊是明代从南京迁来的,说明它来源于江南。但北京鸭是人工饲养的优良品种,烤制上又有明炉、焖炉之分,所以北京烤鸭比南京烤鸭好得多。

涮羊肉、烤牛肉、烤羊肉原来是北方少数民族的吃法,辽代墓壁中就有众人围着火锅吃涮羊肉的图画。现在,涮羊肉的制作方法几乎家喻户晓。

北京有许多有名的小吃,如:原为清宫小吃的千层糕,满族小吃萨其马,"致美斋"的萝卜丝糕,谭家菜的名点心麻茸包,"通三益"的秋梨膏,"信远斋"的酸梅汤等等。

过去,北京的饭馆多种多样,有大有小,有南有北,有中有西。中餐馆有五种:一是专卖面食的切面铺等;二是主要卖肉食的所谓"二荤铺子";三是规模较小的馆子,店名往往叫某某春、某某轩,如"四海春"、"三义轩";四是中等馆子,也叫饭庄子,一般叫某某楼、某某居;五是大饭庄子,专做红白喜事、寿辰、接官等大型宴会生意,常有戏台可以唱戏,酒席一摆就是几十桌、上百桌,名字一律叫某某堂,如:"福寿堂"、"同兴堂"等。

过去北京的西餐饭馆叫做"番菜馆",其中日本人开的饭馆,卖西餐的叫做"西洋料理",卖中餐的叫做"支那料理"。

(根据《中华民族饮食风俗大观》改写)

生　词

地位　dìwèi　(名)　position;standing　在某种关系中所处的位置。
主导　zhǔdǎo　(动)　leading　主要的并且引导事物向某方面发展的。
宫廷　gōngtíng　(名)　帝王住的地方。
家喻户晓　jiāyùhùxiǎo　每家每户都知道。

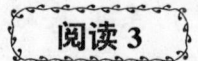 阅读 3

中国的贫困人口

在文章中迅速查找并回答下面的问题

1. 中国 10 年内解决了_____人的温饱问题。
2. 中国现在还有_____贫困人口。
3. 贫困人口大部分在_____的山区、荒漠区、高寒区。
4. 城镇中有_____相对贫困人口。
5. 中国政府宣布消灭绝对贫困的时间是_____。

　　从 1985 年到 1995 年，中国解决了 6000 万贫困人口的温饱问题，其中 80% 是东部地区的人口。现在全国大约还有 6500 万贫困人口，这些贫困人口大部分在中西部的山区、荒漠区、高寒区，而且多数是革命老区、少数民族地区和边境地区。这些地区自然条件恶劣，科技落后，教育落后，经济水平低，生产生活极其困难。其中有 500 多万人口居住在缺乏生存条件的地区。

　　另外，城市贫困人口的问题也日益突出，而且解决城市贫困人口比解决农村贫困人口难。据国家统计部门的统计，城镇居民有 370 万户处于贫困线以下，还有 4000 万相对贫困人口。

　　中国政府宣布："到本世纪末，中国消灭绝对贫困。"这么多贫困人口，要在这么短的时间内解决，任务是很艰巨的。但是，只要全国人民共同努力，实现这个目标是完全可能的。

（根据《华北信息报》1996 年 4 月 15 日文章改写）

生　词

贫困　pínkùn　（形）　穷；经济困难。
温饱　wēnbǎo　（名）　穿得暖、吃得饱。
恶劣　èliè　（形）　adverse；harsh　条件、情况特别差。
相对　xiāngduì　（副）　relatively；comparatively　比较的。

阅读4

昆明的雨

我想念昆明的雨。

我以前不知道有所谓的雨季。"雨季"是到昆明以后才有了具体感受的。我不记得昆明的雨季有多长，从几月到几月，好像是相当长的，但是并不使人厌烦。因为是下下停停、停停下下，不是连绵不断，下起来没完，所以并不使人气闷。我觉得昆明的气压不低，人很舒服。

昆明的雨季是明亮的、丰满的、使人动情的。昆明的雨季，是浓绿的。草木的枝叶里的水分都到了饱和的状态，显示出过分的、近于夸张的旺盛。

雨季的果子，是杨梅。卖杨梅的都是苗族女孩子，戴一顶小花帽子，穿了镶了满帮花的鞋，坐在人家石阶的一角，不时吆唤一声："卖杨梅——"声音娇娇的。她们的声音使得昆明雨季的空气更加柔和了。昆明的杨梅很大，有一个乒乓球那样大，颜色黑红黑红的，叫做"火炭梅"。这个名字起得真好，它真是像烧得通红的火炭，一点也不酸！我吃过苏州洞庭山的杨梅、井冈山的杨梅，好像都比不上昆明的火炭梅。

雨，有时是会引起人的一点淡淡的乡愁的。李商隐的《夜雨寄北》是为许多久客他乡的游子而写的。我在一个雨天的早晨和德熙从联大新校舍到莲花池去。看了池里的清水，看了穿着比丘尼装的陈圆圆石像（传说陈圆圆随吴三桂到云南后出家，暮年投莲花池而死），雨又下起来了。我们走进池边一家小酒店，要了一碟猪头肉，半斤酒，坐了下来。雨下大了。酒店院子里有一架大木香花，把院子遮得严严的。密匝匝的细碎绿叶，数不清的半开的白花和饱涨的花骨朵，都被雨水淋得湿透了。我们走不了，就这样一直坐到午后。四十年后，我还忘不了那天的情味，写了一首诗：

莲花池外少行人，野店苔痕一寸深。

浊酒一杯天过午，木香花湿雨沉沉。

我想念昆明的雨。

1984年5月19日

（选自漓江出版社《汪曾祺作品自选集》）

根据课文选择正确答案

1. 作者是昆明本地人吗？_____ （是　不是　不知道）
2. 作者觉得哪儿的杨梅好？_____ （昆明　苏州　井冈山）
3. 作者在昆明可能是：_____ （做买卖　旅行　学习）
4. 作者去莲花池是为了：_____ （钓鱼　喝酒　游览）
5. 作者在昆明的时间应该是：_____ （40年代　50年代　80年代）
6. 这篇文章的风格是：_____ （哀伤的　抒情的　兴奋的）

生　词

帮　bāng　（名）　upper(of a shoe)　这里指鞋的两侧。
客　kè　（动）　be a stranger;guest　住在外地。
比丘尼　bǐqiūní　（名）　Buddhist nun　又叫尼姑,女性的佛教僧侣。
花骨朵　huāgūduo　（名）　flower bad　还没有开放的花朵。

阅读 5

火车时刻表

根据火车时刻表回答下列问题

1. 北京到九龙的火车到达长沙的时间是：_____。
2. 九龙到北京的火车在武昌停_____分钟。
3. 上海到广州的火车到达杭州的时间是：_____。
4. 广州到上海的火车19：06到达的城市是：_____。
5. 重庆到广州的火车在贵阳停_____分钟。
6. 广州到成都的火车开车的时间是：_____。
7. 重庆到广州的火车是特快列车吗？_____。
8. 97次列车是从哪儿到哪儿的？_____。

重庆、成都—广州

重广直快	成广特快	车次 站名	广成特快	广重直快
344/1	94/1		92/3	342/3
重庆 22:20	18:32	成都	19:21	— 重庆 7:41
1:16	5:52	赶水	7:43	4:36
4:35	9:13	遵义	4:28	0:37
7:50 8:06	12:13 28	贵阳	55 0:42	21:09 20:56
14:17 36	18:46 19:07	玉屏	15 18:05	46 13:36
16:40 50	20:52 21:06	怀化	50 15:38	50 11:39
22:42 54	3:00 10	娄底	38 9:18	14 5:02
0:47 55	5:22 27	湘潭	34 7:26	3:00 54
1:42 54	6:10 22	株洲	36 6:24	2:04 1:50
3:23 33	7:51 8:04	衡阳	54 4:36	20 0:09
5:34 46	9:48 10:00	郴州	48 2:36	24 22:12
8:05 30	12:10 22	韶关	22 0:10	50 19:38
11:53 —	15:00	广州	21:32	16:50

上海—广州

沪广特快	车次 站名	广沪特快
149		150
17:40	上海	13:10 —
19:30	嘉兴	11:47
20:27 20:37	杭州东	26 10:16
23:32	金华西	7:30
0:50	衢州	6:01
4:19 29	鹰潭	34 2:24
向塘 6:17	南昌	0:48 向塘
11:52 50	株洲	21 19:06
13:21 31	衡阳	36 17:26
15:15 27	郴州	42 15:30
16:24 16:28	坪石	14:34 14:29
17:42 56	韶关	17 13:03
	英德	
20:35 —	广州	10:25

北京西—九龙

京广九特快	车次 站名	广九京特快
97		98
7:30	北京西	20:55 —
10:24 34	石家庄	18:00 17:50
14:43 53	郑州	37 13:27
17:48 54	信阳	32 10:26
20:41 51	武昌	35 7:25
0:37 47	长沙	39 3:29
4:32 44	郴州	43 23:31
6:42 54	韶关	31 21:19
9:29 34	广州	43 38
10:10	广州东	45 18:00 27
10:57	常平	52 17:19 16:14
13:10 —	九龙	15:00

97

第十四课

一、技　　能

猜词之四:词语互释(二)

　　某一个词位于上下文的语境中,读懂了上下文,就可能猜出生词的大致意义。除了上一课讲的根据互相解释、补充说明来猜词外,还可以根据意义相反的对比来猜词。在有对比的句子中常常使用反义词,句子中还常常有表示否定或相反意思的"不"、"没(有)"、"别"、"甭"、"但(是)"、"可(是)"、"实际上"、"却"、"而"这些词。比如:"她很努力,但是她弟弟很懒。"我们知道"努力"的意思,由于有了"但是",我们就可以知道"懒"的意思是"不努力"了。再比如:

1. 她做事慢条斯理的,一点儿不像她妈妈那样爽快。
2. 他很死板,可他弟弟却很活泼。
3. 她泰然自若,一点儿也不紧张。
4. 别拐弯抹角了,有话直说。

　　在上面的句子中,我们根据意义相反的对比,可以知道与"慢条斯理"、"死板"、"泰然自若"、"拐弯抹角"意义相反的词应该是"爽快"、"活泼"、"紧张"、"直说"。

练习

对比划线的词语来理解它们的意思

1. 她对人很冷淡,没点儿热情。
2. 别跟我耍"花枪"了,老实说,你要干什么?
3. 我不喜欢过奢侈的生活,我认为俭朴的生活是最好的。
4. 她看起来很成熟,可她的想法却很幼稚。
5. 她每天都去学校,从来不旷课。
6. 老王做事黏黏糊糊的,一点儿也不干脆。
7. 他刚来的时候瘦得皮包骨,现在却胖得不得了。

8. 他很镇定,遇到什么事都不慌张。
9. 刻意做的东西有时还不如随意做的好。
10. 弟弟很谦虚,而哥哥却很自大。
11. 这家商店顾客盈门,对面的商店却冷冷清清。
12. 年轻人喜欢自由自在,不喜欢受束缚。
13. 这个苹果表面很好,可里面全腐烂了。
14. 别想入非非了,做人要实际一点儿。
15. 他很节省,从来不糟蹋东西。

根据句子上下文意义相反的对比,填写出最可能出现的词语

1. 她吃素,从来不吃_____。
2. 人人都说电脑方便,可是他觉得电脑很_____。
3. 做事一定要_____,不能再这样马马虎虎了。
4. 哥哥很_____,但是弟弟很勤快。
5. 他看起来很_____,实际上比谁都聪明。
6. 我只是_____看了看,没有仔细研究。
7. 这套软件比较简单,不像那套那么_____。
8. 这栋房子从外边看起来很简陋,可里面却_____。
9. 这种车很笨重,不如那种车_____。
10. 我随便点几个_____,又不是什么山珍海味,不用客气。

二、阅读训练

阅读1

《清明上河图》

宋代描写城市居民生活最有名的一幅画,就是张择端的《清明上河图》。清明即春天的清明节,上河就是指宋代的首都汴京(今天的开封城)。

这幅画非常长。首先从郊外开始:一些春天刚刚发芽的老树围绕着

村庄、房屋，有一些人马在赶路。逐渐靠近河边，有大船在装货、卸货，有供旅客喝酒吃饭的酒馆。房屋也从郊外的草房变成瓦片屋顶的房子，感觉上更接近城市了。巨大的商船要穿越拱桥，桥上挤满了行人，桥的两边还有商贩，有挑担子的商人，有驮着大袋货物的驴马。然后城门出现了。出入城门的，有许多牛车，还有似乎是和塞外做生意的骆驼队伍。城门里有高大的楼房和许多商店，此外，还有各种摊贩在路边叫卖。这张《清明上河图》像电影一样，非常详细地记录了宋代京城的生活，连每一家商店卖的货物都可以清楚地看到。

我们今天要把我们居住的城市一点不漏地画出来，也是非常不容易的事。所以，每个看到张择端《清明上河图》的人都不禁肃然起敬。因为画中任何一个小部分，可能都要花很长时间去画，何况是这么长的一幅画。画中有上千个人物，如果说这幅画要花掉张择端一生的时间也不算过分。

(根据蒋勋《中国美术史》改写)

选择正确答案

1. 《清明上河图》主要描写宋代：
　　A. 城市的情形　　B. 交通的情况　　C. 酒馆的情况　　D. 郊外的情况

2．画上有商船的地方在哪里？
　　A．城市里　　B．走得比较快　　C．离城市很远　　D．城门里
3．"赶路"的意思是：
　　A．在路上赶动物　　B．行程比较快　　C．修理道路　　D．路上很拥挤
4．《清明上河图》的风格是：
　　A．现实的　　B．浪漫的　　C．讽刺的　　D．幽默的
5．从《清明上河图》来看，宋代：
　　A．比较落后　　B．比较发达　　C．比较混乱　　D．比较公平
6．作者对《清明上河图》的态度是：
　　A．冷冰冰的　　B．批评性的　　C．赞美的　　D．讽刺的

生　　词

发芽　fāyá　（动）　germinate;sprout　植物胚胎发育长大;种子突破种子皮长出来。
驮　　tuó　（动）　背。
塞外　sàiwài　（名）　长城以外。
肃然起敬　sùránqǐjìng　产生严肃敬仰的心情。

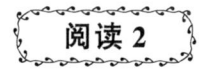

九寨沟旅游须知

　　四川省的九寨沟以雪山、森林、湖泊、瀑布的原始而闻名于世,被联合国教科文组织列为"世界自然遗产"。到那儿去过的人都会被它美丽的景色吸引,但是,如果你打算去的话,还是应该做好准备。

　　九寨沟在四川西北的山区,吃住的条件都比较差,往往只能吃饱而不能吃好,好一些的住房不多,在旅游旺季常常找不到好房间,想洗热水澡是比较困难的。

　　从成都到九寨沟比较远,而且道路不太好,都是崎岖不平的山路。常常会遇到塌方,堵车也是常见的事。有时几个小时都见不到商店、餐厅,所以你应该带一些干粮、饮料。

　　九寨沟平均海拔超过三千米,白天和晚上的温度差别很大,很多时候白天穿单衣,晚上就要穿棉袄。你要多带一些衣服。

　　由于九寨沟海拔比较高,空气稀薄,有些人会有高原反应,如胸闷、

气喘、四肢无力、不想吃东西等。这时应该接受医生治疗,好好休息,通常在休息以后就会好的。

(摘自1997年6月25日《广州日报》)

判断正误

( ) 1. 九寨沟非常美丽,是世界有名的风景区。
( ) 2. 九寨沟在四川东北的山区。
( ) 3. 九寨沟吃住的条件比较差,常常没有吃的东西。
( ) 4. 九寨沟好的住房很多。
( ) 5. 在九寨沟,洗热水澡是比较困难的。
( ) 6. 从成都到九寨沟很近。
( ) 7. 从成都到九寨沟很远,路也很好。
( ) 8. 坐车时应该带一些吃的东西和饮料。
( ) 9. 九寨沟白天和晚上的温度差别很大。
( ) 10. 有些人会觉得很不舒服,但一般都不会有大问题。

生　　词

瀑布　pùbù　（名）　waterfall　从山壁上或河身突然降落的地方流下的水,远看好像挂着的白布。
遗产　yíchǎn　（名）　legacy;inheritance　历史上遗留下来的精神财富或物质财富;死者留下的财产。
旺季　wàngjì　（名）　busy season　兴旺的季节。
塌方　tāfāng　（动）　landslide;cave in　由于地层结构不好、雨水冲刷或建筑质量不好等原因,道路、堤坝等旁边的陡坡或坑道、隧道的顶部突然坍塌下来。

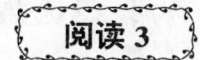

北京汽车市场价格表

根据下面表格填空

1. 这个公司出售的车中最贵的是_____。
2. 这个公司出售的车中最便宜的是_____。
3. 一个5口之家,想用5万块钱买车,比较好的选择是买_____。

4. 一个喜欢独自开车去山区旅行的男青年有13万块钱,你会推荐他买一辆＿＿＿＿＿＿。
5. 中国生产的汽车最贵的是＿＿＿＿＿＿。
6. 表中所列的韩国汽车最便宜的是＿＿＿＿＿＿。

北京北方汽车贸易公司

产地	品牌/车型	颜色/单价(万元)	产地	品牌/车型	颜色/单价(万元)
德国	宝马325I	55	中国	切诺基吉普车4×2	12.2
日本	丰田佳美2.2	(白、灰)43	德国	奔驰S320	110
日本	丰田考斯特30座	76	日本	本田2.2	37
韩国	现代索那塔3.0V6	32	中国	长安面包	3.8
日本	本田里程3.5	(蓝)59.5	韩国	大宇沙龙2.0L	31.5
日本	三菱轻骑兵	(灰)23	中国	铃木奥拓	6.38
日本	日产风度3.0	(红、蓝、灰)42.5	美国	克莱斯勒人阳舞	19.25
德国	奥迪2.6	(黑)51	美国	福特稳达	42.5
中国	捷达	13.8	瑞典	绅宝2.3L	45
中国	松花江面包	4.2	中国	红旗7200	23.5
中国	普通桑塔纳	13.7	中国	神龙富康	13.7
中国	桑塔纳旅行车	14.45	俄国	拉达21099	7.5
中国	夏利	6.4	中国	北京牌15座旅行车	6.3

(根据《北京青年报》1997年4月16日文章改写)

生　词

推荐　tuījiàn　（动）　recommend　把好的人物或事物介绍给别人,希望别人接受。

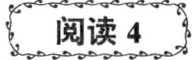

几则书目

根据表格填空

1. 要研究汉语可以参考《　　　　》一书。
2. 要学习使用电脑可以看《　　　　》一书。
3. 去美国旅游之前可以看看《　　　　》一书。
4. 介绍彝族饮食的书叫《　　　　》。
5. 买钢笔、本子在商店的＿＿＿＿楼。

6. 要知道美国最新成立的州是哪一个,应该看《美国地理简介》的第_____页。
7. 要知道汉民族共同语形成的原因可以看《汉语史稿》一书的第____节。
8. 要研究秦朝、汉朝时中国人的思想意识,应该看《_____》一书。

《中文处理软件 WORD》	《彝族饮食介绍》	《汉语史稿》
1. 运行 Word 需要的环境	● 基本情况概述	第一章
2. Word 的安装方法	● 日常食俗	绪论
3. Word 的窗口操作	● 岁时食俗	第一节 汉语史的研究对象和任务
4. 使用 Word 编辑文字	● 信仰食俗	第二节 中国历代学者对汉语史的贡献
5. 保存文件	● 礼仪食俗	第三节 汉语史的研究方法
6. 页码与打印		第四节 汉语史的根据
7. 将文档存到其他目录	《美国地理简介》	第五节 汉语的亲属
8. 用新的名字保存文件	引言…………… 1	第六节 汉语史的分期
9. 文字的编排与修饰	概况…………… 4	第七节 汉民族共同语的形成
10. 设置字体的大小	东北部 ……… 17	第八节 汉语的文字
11. 文字与颜色	中央盆地 …… 29	
12. 在文章中制表	东南部 ……… 41	《中国古代思想史论》
13. 高级打印操作	大平原 ……… 56	内容提要……………… 1
14. 图片编辑	山岳和沙漠 … 66	孔子再评价…………… 7
15. Equation Editor 应用程序	西岸的谷地 … 79	墨家初探本…………… 52
	新成立的州 … 91	孙老韩合说…………… 77
《购物指南》	统一的国家 … 99	荀易庸记要…………… 106
一楼 日用百货、食品		秦汉思想简议………… 135
二楼 工艺美术品、家具	《招生简章》	庄玄禅宗漫述………… 177
三楼 家用电器	学校简介	宋明理学片论………… 220
四楼 服装、鞋帽	招收对象	经世观念随笔………… 265
五楼 化妆品、珠宝、钟表	收费	试谈中国人的智慧…… 295
六楼 文化、体育用品	招生时间	后记…………………… 323

生　　词

软件　ruǎnjiàn　(名)　电脑的运算程序,与"硬件"相对。
化妆品　huàzhuāngpǐn　(名)　化妆用的物品。如脂粉、香水、口红等。

第十五课

一、技　　能

猜词之四：词语互释（三）

某一个词位于上下文的语境中，读懂了上下文，就可能猜出生词的大致意义。上两课我们讲了根据互相解释、补充说明以及意义相反的对比来猜词，这一课，我们再来看看根据一些表示类比的结构来猜词。汉语表示类比时常常用"像……（一样）"、"跟……一样"、"跟……似的"、"就像……"等结构，还常常使用结构助词"得"来表示这种情况的程度。在这样的结构中，我们可以根据常识推断出与之相像的东西所代表的概念，这些概念常常带有浓厚的民族色彩。如：

1. 这个东西呈<u>圆锥形</u>，形状就像一座<u>富士山</u>。
2. 他做事<u>慢</u>得跟<u>蜗牛</u>一样。
3. 她<u>慈祥</u>得跟<u>母亲</u>似的。
4. 他<u>蠢</u>得像头<u>猪</u>。

在上面的句子中，"圆锥形"、"蜗牛"、"慈祥"、"蠢"四个词比较难，但根据类比，可以知道它们的意思与"富士山"、"慢"、"母亲"、"猪"的形象、意义或性质相仿。

有时上下文的意义完全一样，这时常用"就是"、"即"、"是一回事"等。如：

1. <u>瞎子</u>就是<u>眼睛看不见东西的人</u>。
2. <u>荷花</u>即<u>莲花</u>。
3. <u>麦克风</u>和<u>话筒</u>是一回事。

"瞎子"、"荷花"、"麦克风"的意思等于"眼睛看不见东西的人"、"莲花"、"话筒"。

练习

对比划线的词语来理解它们的意思

1. <u>航天飞机</u>和<u>太空穿梭机</u>是一回事。
2. 他说话<u>尖声细气</u>的，就像一个<u>女人</u>。

3. 他狡猾得跟个老狐狸似的。
4. 这儿闷得就像一个大火炉。
5. 嫉妒也就是吃醋。
6. 老北京说的木樨汤其实就是鸡蛋汤。
7. 香港人说的酒店就是我们北京人说的宾馆或者饭店。
8. 美元即美金,也就是有些人说的美钞。
9. 他说话太絮叨了,就像一个老太太似的没完没了。
10. 这个球瘪得跟一颗晒干的葡萄一样。

根据句子上下文近义词的类比填写出最可能出现的词语

1. 这个苹果的味道甜得跟_____一样。
2. _____就是在外国学习的学生。
3. 她很_____,什么话也不好意思说。
4. 这个问题太_____了,连三岁的小孩也知道。
5. 他发烧了,额头_____得烫手。
6. 这儿像_____一样美丽。
7. 这电影真_____,一点儿意思也没有。
8. 这事儿得他来拍板,我不能_____。
9. 一个星期吃七次,即每天吃_____。
10. 你被开除了,也就是说你以后_____。

二、阅读训练

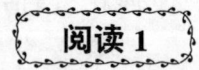

云南"过桥米线"

　　米线是用优质大米制成的一种食品,细长、洁白,形状跟米粉、面条差不多。米线是云南人喜爱的小吃,而米线中最有名的要数"过桥米线"。

　　过桥米线制作精细、用料考究、吃法特殊,云南人非常喜爱。过桥米线的吃法是这样的:服务员给你一碗非常烫的清鸡汤,还有一碗凉的米线,一些青菜、作料,一些切成薄片的生的猪肉、火腿、鸡肉、鱼肉甚至海鲜等等;顾客先要把肉类的东西轻轻放入鸡汤中慢慢搅动,过一会儿肉就烫熟了,这时再把青菜、作料也放入鸡汤中慢慢搅动,最后把米线放入鸡汤中慢慢搅动后,就可以吃了。来云南的中外人士,都喜欢品尝这种著名的小吃。

过桥米线已有一百多年的历史。传说有一个书生,每天在湖中的小岛上读书,他的妻子每天把饭菜做好后给他送去。但是,小岛离家很远,还要经过一座很长的桥,做好的饭菜送到时都凉了,妻子很担心书生吃了会生病。一天,妻子煮了一锅鸡汤给书生喝,送到书生那儿时,鸡汤还非常烫,他们觉得有点儿奇怪,仔细一看,原来是鸡汤上那一层鸡油把热气保护住了。这个发现启发了妻子,从此以后,妻子每天都给书生送一碗非常烫的清鸡汤,再另外带一些米线、青菜、肉片,到了小岛上以后再把东西放到鸡汤里,这样,就做成了一碗味道鲜美又热乎乎的米线,书生再也不用吃冷饭了。由于从城里到小岛要经过一座很长的桥,所以这种米线叫做过桥米线。

(根据云南人民出版社《云南风物志》改写)

选择正确答案

1. 米线是:
   A. 云南生产的一种细长、洁白的大米　　B. 类似米粉的食品
   C. 样子像面包的一种食品　　D. 用优质的大米制成的一种糕点
2. 吃"过桥米线"好像:
   A. 没有用到炉子和锅　　B. 要放在鸡汤中煮一会儿
   C. 只吃生的猪肉　　D. 最主要的是吃鸡肉
3. "一些青菜、作料,一些切成薄片的……"中,"作料"的意思应该是:
   A. 制作食品的主要原料　　B. 制作食品的辅助材料
   C. 食品中的肉类原料　　D. 用于装饰食品的材料
4. 发明"过桥米线"的是:
   A. 厨师　　B. 来云南的中外人士　　C. 书生的妻子　　D. 服务员
5. 从文章中看,制作"过桥米线"的关键是:
   A. 肉片和米线要好　　B. 鸡汤要有很多鸡油

C. 要有一座很长的桥　　D. 鸡汤要非常烫

生　词

考究　kǎojiu　（形）　tasteful; pay attention to detail　精美；讲究。
海鲜　hǎixiān　（名）　sea food　供食用的新鲜的海鱼、海虾等。
搅动　jiǎodòng　（动）　mix; stir　用棍子等在液体中翻动或和弄。

阅读 2

毛延寿和王昭君

　　毛延寿是汉朝皇帝汉元帝的画家,他最擅长画人物画。有一次,汉元帝让他把宫中的宫女都画下来给他看。宫女们都想让他把自己画得漂亮一点,因为皇帝的宫女太多了,有好多宫女在宫中多年都没有得到皇帝的宠爱,所以她们都希望借这个机会给皇帝一个好印象。于是,她们就贿赂毛延寿。可是,有一个叫王昭君的宫女,长得非常漂亮,却什么东西都不送给毛延寿,她讨厌这个收受贿赂的画家,也不愿意借此来赢得皇帝的宠爱。毛延寿见这个宫女一点儿好处也不给自己,就故意把她画得很丑。

　　没多久,北方国家匈奴的一位单于来见汉朝的皇帝,希望汉朝皇帝送给他一个美女当妃子。皇帝不想把美女送给匈奴,他就在毛延寿画的画儿中挑选,想把最丑的送给匈奴。当他看到王昭君的画像时,觉得这个宫女丑极了,就决定把她送给匈奴。

在王昭君和单于离开汉朝去匈奴之前,皇帝接见了他们,这时他才发现这个"丑女"王昭君非常漂亮,就有点儿舍不得,但是事已至此,而且单于已经和王昭君见过面了,一切都不可挽回了。王昭君离开后,皇帝越想越生气,就把毛延寿杀了。

(根据《汉书》、《西京杂记》等改写)

选择正确答案

1. 毛延寿:
    A. 画的人物画不好 B. 画的人物画很好
    C. 不会画人物画   D. 没画过人物画
2. 毛延寿画宫女是因为:
    A. 皇帝要他画的   B. 他想画给皇帝看
    C. 他想收取贿赂   D. 宫女想让他画
3. 王昭君不贿赂毛延寿是因为:
    A. 她相信毛延寿   B. 她不喜欢毛延寿
    C. 她不希望获得皇帝的宠爱   D. B 和 C
4. 皇帝把王昭君送给匈奴的单于是因为:
    A. 她喜欢单于   B. 她不喜欢留在汉朝
    C. 皇帝以为她丑 D. 匈奴的单于喜欢她
5. "贿赂"的意思是:
    A. 宝贝   B. 忧郁   C. 工资   D. 收买

生　　词

擅长　shàncháng　(形)　be good at　很善于做某种事。
单于　chányú　(名)　匈奴君主的称号。
妃子　fēizi　(名)　帝王的妾,地位仅次于皇后。

阅读 3

中国人口统计

根据课文回答问题

1. 中国男人多还是女人多？
2. 中国平均每家有多少人？
3. 中国农民多还是城市人多？
4. 哪个大城市人口最多？
5. 哪个大城市人口不到 300 万？
6. 北京人比广州人多多少？
7. 成都人比上海人少多少？

根据公安部门的统计，到 1996 年底，我国户籍总人口为 1,195,462,742 人（不包括台湾省和香港、澳门地区，不包括现役军人）；总户数为 321,676,467 户，平均每户人数为 3.72 人；男女性别比为 106.4∶100。

统计表明，1996 年全国非农业人口为 291,390,243 人，占总人口的比例为 24.37%；全国城市总人口为 513,762,273 人。

人口数（不包括市辖县人口）居全国前 10 位的大城市分别是：上海（961 万人）、北京（740 万人）、天津（596 万人）、重庆（551 万人）、武汉（517 万人）、沈阳（477 万人）、广州（390 万人）、成都（317 万人）、西安（303 万人）、哈尔滨（295 万人）。

（选自 1997 年 4 月 15 日《文摘周刊》）

生　词

统计　tǒngjì　（动）　statistics　对有关数据进行收集、整理、计算和分析。
户籍　hùjí　（名）　household register　政府以户为单位登记本地区内居民的册子。转指居民身份。
现役军人　xiànyìjūnrén　（名）　serviceman　正在服役的军人。

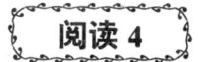

股票信息

选择正确答案

1. 上海股票市场涨幅最大的三只股票是：_____。
2. 深圳股票市场跌幅最大的三只股票是：_____。
3. 上海股票市场换手率超过20%的股票有____个。
4. 深圳股票市场换手率低于14%（包括14%）的股票有____个。

1997年5月15日

昨十大涨幅股票				昨十大跌幅股票				昨十大活跃股票			
上海		深圳		上海		深圳		上海		深圳	
名称	涨幅	名称	涨幅	名称	跌幅	名称	跌幅	名称	换手率	名称	换手率
新金涤纶	5.48%	琼海药	5.03%	太极实业	−10.02%	黔凯涤	−10.04%	新疆友好	23.0%	永安林业	27.6%
东华电脑	4.94%	吉诺尔	4.81%	福建水泥	−10.01%	深安达	−10.04%	福建自仪	21.4%	湘火炬A	27.5%
新疆友好	4.36%	南风华工	4.58%	第一百货	−10.01%	中科健	−10.04%	西藏明珠	19.7%	浙江震元	23.8%
王府井	3.62%	浙江震元	3.87%	彩虹股份	−10.01%	苏三山	−10.04%	东华电脑	16.7%	甘长风A	21.7%
豫园商城	3.38%	永安林业	3.22%	轻工机械	−10.00%	昆百大	−10.02%	东方锅炉	16.4%	江铃汽车	16.8%
东海股份	3.18%	甘长风	3.22%	申华实业	−10.00%	湘中意	−10.01%	王府井	16.0%	深华源	16.1%
宁波华联	2.72%	深华新	2.57%	飞乐股份	−10.00%	深中浩	−10.01%	东大阿派	15.4%	吉诺尔	15.9%
中川国际	2.40%	西安饮食	2.33%	郑州百文	−10.00%	西安旅游	−10.01%	海欣股份	14.8%	琼海药A	14.0%
郑州客车	1.59%	康达尔	1.64%	欧亚集团	−10.00%	深天地	−10.01%	中川国际	13.9%	银广夏	13.3%
东方锅炉	1.36%	合金股份	1.49%	商业网点	−9.99%	深南电	−10.01%	冰熊股份	13.0%	深南光	13.3%
由上海东方国际投资公司提供											

生 词

换手率　huànshǒulǜ　（名）　rate of change hands　某一个股票在一定时间内被买卖的数量占该股票总数的比例，也叫倒手率。

第十六课

一、技　能

猜词之五：通过上下文推测生词（一）

阅读时，为了提高阅读速度，不应该每个生词都去查字典，而应该运用各种语言技能去猜测生词的意思。前面我们已经介绍和训练了四种猜词技能，本课介绍第五种猜词技能——通过上下文线索推测生词。

某一个生词处于上下文的语境中，读懂了上下文，能够理解全句或全文，就有可能猜出生词的大致意思，不必知道生词的确切意义。通过上下文推测生词，主要有下面三种情况：

一是通过句法的搭配关系推测。比如："他刚才吃了两块'萨其马'。""萨其马"在动词"吃"的后面，一定是一种吃的东西。

二是通过前边或后边的句子的意思推测。比如："那个电影糟透了，很多人没看完就走了。"从后边的句子我们不难猜出"糟透"应有"非常差"的意思。

三是通过一些句子的对立意义推测。比如："我们应该平等地看待妇女，而不应该歧视她们。"从"应该"和"不应该"的对立意义，可以推出"歧视"跟"平等地看待"意思也是对立的，"歧视"应有"不平等地看待"的意思。

本课先简单介绍一下通过上下文推测生词的三种情况。下面三课我们再逐一说明。

练习

根据上下文线索推测划线词语的意思并将其大致意思写在括号里

1. 中央芭蕾舞剧团的演出<u>精彩</u>极了，昨天晚上我看了一场，现在还想再看一场。（　　）
2. 这个饭馆做的清蒸鱼味道特别<u>鲜美</u>，很多顾客都点这道菜。（　　）
3. 我尝了尝这里的农民吃的<u>窝窝头</u>，不甜又不咸，我不喜欢。（　　）
4. 打完球，口渴得很，我一口气喝了两杯<u>椰子汁</u>。（　　）

5. 朱慧长得很漂亮,可是奇怪的是她的妹妹却很丑。(   )
6. 你不应该这么懒,应该帮妈妈做些事儿,洗洗碗、扫扫地什么的。(   )
7. 林海平总是不愿意回家,因为他跟妻子不和睦,在一起老吵架生气。(   )
8. 吃了郑医生开的"三九胃泰",现在我的胃病好多了。(   )

根据上下文线索填上最可能出现的词语

1. 王教授的报告非常____,听众一次又一次地鼓掌。
2. 妈妈炒的菜很____,孩子们吃了很多。
3. 星期天我又擦窗户又拖地,简直比上班还____。
4. 你吃了这种____,咳嗽很快就会好的。
5. 我的自行车被朋友____走了,今天只好走路上班了。
6. 大家都说这件衣服的样式好看,可是我觉得____。
7. 我现在饿极了,四碗饭都能____完。
8. 张文坐出租汽车去飞机场,可是路上堵车,飞机很快就要起飞了,他急得____。

二、阅读训练

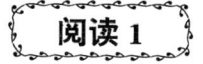

可食餐具

根据短文填空

1. 可食餐具是用____做成的。
2. 可食餐具是____先生发明的。
3. 研制这种可食餐具用了____时间。
4. 这种可食餐具每天可以卖出____只。
5. 每件可食餐具可卖____钱。

在台湾某些地方的餐馆或咖啡馆,顾客吃光食品以后,还可以吃掉自己面前盛食物的盘子。这种可以食用的盘子是用燕麦制作的富有营养的一次性餐具。它的发明者是台湾企业家陈良烈先生。

今年50岁的陈先生为了研制这种可食餐具,花了十年工夫和近一百五十万美元。功夫不负有心人,他的努力终于获得了成功。现在他的公司每天销售四万只这种粮食制作的盘子和钵子,每件约卖七美分。陈先生认为他所发明的一次性可食餐具不仅营养丰富,而且合乎卫生标准,同时对周围环境没有害处,有着其他餐具所没有的优点。

(摘自《中国烹饪信息》第36期)

生　词

燕麦　yànmài　(名)　oats　一种粮食。
销售　xiāoshòu　(动)　卖出(商品)。
钵子　bōzi　(名)　陶制的器具,用来盛饭、菜、茶水等。

阅读2

扇子语

对于西班牙妇女来说,扇子可不仅是扇风送爽的工具,另外一种用处就是她们常借一方纸扇,表达不便说出口的心思。当她打开扇子,把脸的下半部遮起来时,这意味着她问:"你喜欢我吗?"或者说:"我爱你。"如果她一个劲儿地快速扇扇子,则表示"请离开我";如果她把扇子一会儿打开一会儿合上,那则表示"我非常想念你";如果把扇子在手中翻来翻去,等于告诉你:"你太讨厌了。"如果把扇子扔在桌上,等于告诉你:"我不喜欢你,我爱的是别人。"如果在男友面前打开扇子支着下巴,意思是"我希望下一次跟你早点儿见面"。

(根据《北京日报》1992年12月20日文章改写)

在短文中迅速查找答案

1. 西班牙妇女打开纸扇,遮住脸的下半部,表示什么意思?
2. 如果要表示"请你离开我",西班牙妇女可以怎么做?

3. 西班牙妇女把扇子一会儿打开一会儿合上,表示什么意思?
4. 如果要表示"我不喜欢你,我爱的是别人",西班牙妇女可以怎么做?

生　词

遮　zhē　(动)　hide from view;cover　遮挡:窗户用布~起来。
一个劲儿　yīgejìnr　(副)　continuously;persistently　表示不停地连续下去:雨~地下。
支　zhī　(动)　prop up;put up　撑,抵住:两手~着头。
下巴　xiàba　(名)　the lower jaw　下颌的通称。

阅读3

饮食应少肉多鱼

　　吃肉好,还是吃鱼好,长期以来看法不同。最近,几位营养学家在研究观察以后发表了他们的看法。

　　他们认为,长期大量吃肉,会引起人体的"巨型化";另一方面,还会导致大脑体积逐渐变小,这可能将影响今后智力的发展。所以,应该从现在起,纠正大量吃肉的不良习惯,以控制这种不良的影响。

　　那么,哪些是对大脑发育有好处的食物呢?它们是鱼、虾、贝、螺、蟹等水产食物,以及菜油、葵花籽油等含丰富不饱和脂肪的植物。不饱和脂肪是形成脑细胞——原生质的基础物质,对大脑的发育是有好处的。

　　于是,这些专家指出,为了提高人类的聪明才智,应当少吃肉,多吃鱼。

(根据《家庭医生》1993年第9期文章改写)

判断正误

(　)1. 人们一直认为吃肉比吃鱼好。
(　)2. 吃肉会使大脑体积变小。
(　)3. 水产食品对大脑发育有好处。
(　)4. 菜油对大脑发育没有好处。
(　)5. 专家们的看法是应当少吃肉多吃鱼。

生　词

巨型　jùxíng　体积非常大。
体积　tǐjī　（名）volume　物体所占空间的大小。
智力　zhìlì　（名）intelligence　指人认识、理解客观事物并运用知识、经验等解决问题的能力。
纠正　jiūzhèng　（动）correct　改正（思想、行动、办法等方面的缺点、错误）。

阅读 4

比尔先生

　　从美国来的比尔先生，因为语言问题，在中国出了不少笑话。

　　一天，他上市场买菜，卖菜的把菜捆好，给了他，比尔友好地说："谢谢！"卖菜的说："不用谢！"比尔听了，搞不懂了：不用"谢"字，那应该用什么字呢？

　　有一次，他一个人上街，看到街上很多地方都写着两个字：早点。回来以后，他很兴奋地对朋友说："中国人真爱惜时间，上班的人已经那么早出去了，还要催'早点！早点！'"

　　后来，他在街上看到两个骑自行车的人碰着了，互相打声招呼："他妈的！"就骑自行车走了。他很奇怪：这跟母亲有什么关系？

　　一次，他问邻居最近工作怎么样？邻居谦虚地说："马马虎虎！"比尔听了，怎么也搞不明白：他怎么突然不当老师而去养"马"和"虎"了，而且只有两匹马和两只虎……

（根据《羊城晚报》1997年6月文章改写）

选择正确答案

1. 这篇短文的主要内容是什么？
　　A. 比尔先生在中国出的笑话　　B. 比尔先生在中国生活上的问题
　　C. 比尔先生在中国工作上的问题　　D. 比尔先生在中国学习上的问题
2. 比尔先生因为什么出笑话？
　　A. 习惯问题　　B. 语言问题　　C. 买菜问题　　D. 文化问题
3. 这篇短文写了比尔先生的几个笑话？

A. 一个　　B. 两个　　C. 三个　　D. 四个
4. 第三段写比尔先生弄错了哪个词的意思？
   A. 不用谢　　B. 早点　　C. 他妈的　　D. 马马虎虎
5. 第五段写比尔先生弄错了哪个词的意思？
   A. 不用谢　　B. 早点　　C. 他妈的　　D. 马马虎虎

生　词

爱惜　àixī　（动）　cherish; use sparingly　因重视而不浪费：～粮食。

阅读 5

妈妈喜欢吃鱼头

　　记得小时候，家里很穷，一个月难得吃上一次鱼肉。每次吃鱼，妈妈先把鱼头夹在自己碗里，然后将鱼肚子上的肉夹下，很仔细地捡去几根大刺，放在我碗里，剩下的便是父亲的了。当我也吵着要吃鱼头时，她总是说："妈妈喜欢吃鱼头。"

　　我想，鱼头一定很好吃。有一次父亲不在家，我趁妈妈盛饭的时候，夹了一个，吃来吃去，觉得没鱼肚子上的肉好吃。

　　那年外婆从江北到我家，妈妈买了家乡很贵的鲑鱼。吃饭时，妈妈把本属于我的那块鱼肚子上的肉，夹进了外婆的碗里。外婆说："你忘啦？妈妈最喜欢吃鱼头。"外婆眯缝着眼，慢慢地挑去那几根大刺，把鱼肉放进我的碗里，并说："孩子，你吃。"接着，外婆就夹起鱼头，用没牙的嘴，津津有味地吃着，不时吐出一根根小刺。我一边吃着没刺的鱼肉，一边想："怎么妈妈的妈妈也喜欢吃鱼头？"

　　二十九岁那年，我结了婚，另立门户。生活好了，我俩经常吃鱼吃肉。每次吃鱼，最后剩下的，总是几个鱼头。

　　而立之年，喜得千金。转眼女儿也能自己吃饭了。有一次午餐，妻子夹了鱼肚子上的肉，仔细地捡去大刺，放到女儿的碗里，自己却夹起鱼头。女儿见了也吵着要吃鱼头，妻说："乖孩子，妈妈喜欢吃鱼头。"谁知女儿怎么也不答应，一定要吃。妻无奈，只好从鱼头里挑出点儿没刺的肉来，可女儿吃了马上吐出来，连说不好吃，从此再也不要吃鱼头了。

从那以后，每次吃鱼，妻便将鱼肚子上的肉夹给女儿，女儿总是很艰难地用汤匙切下鱼头，放进妈妈的碗里，很孝顺地说："妈妈，您吃鱼头。"

从那以后，我悟出一个道理：女人做了母亲，便喜欢吃鱼头了。

(根据《散文》1991年第5期陈运松文章改写)

选择正确答案

1. 第四段"我俩"是指谁？
   A. 我和妈妈　　B. 我和爸爸　　C. 我和妻子　　D. 我和女儿
2. 第五段"千金"是什么意思？
   A. 很多金子　　B. 很多钱　　C. 儿子　　D. 女儿
3. 第五段"无奈"是什么意思？
   A. 没有办法　　B. 没有意思　　C. 没有意见　　D. 没有可能
4. 文章写了三个说自己"喜欢"吃鱼头的女人，下面哪一个不是？
   A. 外婆　　B. 妈妈　　C. 妻子　　D. 女儿
5. 女人什么时候开始"喜欢"吃鱼头？
   A. 出生以后　　B. 上学以后　　C. 结婚以后　　D. 有孩子以后
6. 她们为什么要吃鱼头？
   A. 她们觉得鱼头特别好吃　　　　B. 为了把好吃的鱼肉让给孩子

C. 为了让丈夫、孩子喜欢自己　　D. 鱼头对女人的身体有好处

生　词

夹　jiā　（动）　press from both sides　从两个相反的方向加压力,使物体固定不动:用筷子～菜。
刺　cì　（名）　thorn;splinter　尖锐像针的东西。
悟　wù　（动）　realize;awaken　了解;领会;觉醒。
而立之年　érlìzhīnián　指三十岁的年龄。
转眼　zhuǎnyǎn　形容非常短的时间。

第十七课

一、技　　能

猜词之五：通过上下文推测生词（二）

某一生词处于上下文的语境中，读懂了上下文，就有可能猜出生词的大致意思。第十六课我们简单介绍了一下通过上下文推测生词主要的三种情况，本课我们来分析第一种情况——通过句法搭配关系推测。

我们知道，汉语的基本词序是主——谓——宾，主谓宾之间的搭配不是随意的，它们有着内在的联系。比如："他吃____。"谓语动词"吃"后面的宾语应该是可以吃的东西，如饭、菜、水果、糖果、药等，不可能是房子、电视、天，也不可能是开水、汽水、果汁；"弟弟骑____。"谓语动词"骑"后面的宾语应该是可以骑的东西，如自行车、摩托车、马等，不可能是书、肉、路，也不可能是小汽车、公共汽车；又比如："____写信。"主语一定是可以做出"写"这个动作的人，如你、我、姐姐、爸爸、老师等，不可能是飞机、青菜、桌子，也不可能是猴子、老虎、婴儿；再比如："妈妈____牛肉。"谓语应该是"妈妈"发出的，跟"牛肉"有某种关系的一个动作，如炒、洗、切、买等，不可能是飞、打、抽。利用这种句法搭配关系，我们可以推测出生词的大致意思。

利用句法搭配关系，再加上上下文意思上的限制，我们可以更精确地推测出生词的意思。比如："他刚才吃了两块'萨其马'，现在一点儿也不饿。"从上句的句法搭配关系，我们可以猜出"萨其马"是一种吃的东西；再从下句的意思，我们可以进一步猜出"萨其马"是一种可以吃饱肚子的东西，不是药，不是糖果，一般也不是水果。再如："妈妈在厨房焖牛肉，我在房间都闻到了香味。"从上句的句法搭配关系，我们可以猜出"焖"是处理牛肉的一个动作，再从下句的意思，我们可以进一步猜出"焖"是把牛肉做熟的一种方法，不是洗，也不是切。

练习

根据句法搭配关系推测划线词语的意思并将其大致意思写在括号里

1. 我很喜欢吃荔枝。（　　）
2. 医生让他打青霉素。（　　）

3. 大夫给王明开了雷尼替丁。（　　）
4. 他在喝"健力宝"。（　　）
5. 李芳准备唱《潇洒走一回》。（　　）
6. 朋友请我抽"红塔山"。（　　）
7. 孩子放开手,鹦鹉飞走了。（　　）
8. 昊昊在做作业。（　　）
9. 晚会上,张文跟林红一起跳"探戈"。（　　）
10. 姐姐在厨房炖鸡,我们在客厅都闻到了香味。（　　）

根据上下文线索填上最可能出现的词语

1. 得知跟自己相亲相爱的丈夫在出差路上不幸发生了意外,马文英_____。
2. 这个北欧小国非常_____,几乎家家都有漂亮的楼房和小汽车。
3. 这些苹果是刚从树上_____下来的,新鲜得很。
4. 李阳考上了北京大学经济系,全家人高兴得_____。
5. 很多朋友都说用电脑写作方便,而我却觉得_____。
6. 这位年轻的妈妈每天要上班,下班以后还要买菜、做饭、带孩子,忙得_____。
7. 好朋友周玲在四川旅游时,买回来很多_____,送了一些给我。
8. 他的力气大得很,连电冰箱也_____。
9. 在报纸上看到中国乒乓球队又在国际比赛中得冠军的_____,我高兴得跳了起来。
10. 孩子第一次离开家,妈妈非常_____,常常给他打电话。

二、阅读训练

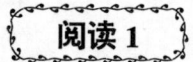

电视节目预告

迅速查找答案

1. 7月18日中央台有什么节目？
2. 喜欢体育的观众应该什么时候看哪个台的节目？
3. 喜欢流行歌曲的观众应该什么时候看哪个台的节目？
4. 电视剧《事业人生》每天晚上几点开始？
5. 什么时候哪个台可以看到电影《阳光灿烂的日子》？

电视台	时间	7月18日（星期五）播出内容	电视台	时间	7月19日（星期六）播出内容
中央台	20：05	电视剧：鸦片战争(5)	中央台	20：05	电视剧：鸦片战争(6)
	21：10	东西南北中		21：00	电视你我他
卫星台	16：17	时尚放送	卫星台	20：03	欢乐有约：走进南泥湾
	20：00	共度好时光：夏之夜		21：06	社会纵横
	21：05	电影世界：阳光灿烂的日子		21：55	英国足球比赛
珠江台	14：38	银海230：电脑梦幻曲	珠江台	11：36	假日闲情
	19：30	识名城，爱广州		19：30	体育世界
	20：30	香江剧场：大上海(18)		20：30	香江剧场：大上海(19)
广州台	12：30	相声小品	广州台	16：00	科学大观园
	18：20	流行歌曲		20：00	大都市之夜
	21：00	电视剧：事业人生(7)		21：00	电视剧：事业人生

（根据《羊城晚报》1997年7月17日"电视节目预告"改编）

生 词

鸦片 yāpiàn （名）opium 用罂粟果实中的乳状汁液制成的一种毒品。
战争 zhànzhēng （名）war 民族与民族之间、国家与国家之间、阶级与阶级之间或政治集团与政治集团之间的武装斗争。
灿烂 cànlàn （形）magnificent；bright 光彩鲜明耀眼：灯光～。
流行 liúxíng （动）prevalent；popular 传播很广；盛行。

阅读 2

几岁学电脑好

专家认为,儿童的心理发展有几个最重要的时期。对于4～7岁的孩子来说,正是发展社会交际能力的时候,通过与年龄差不多大的孩子一起玩和参加社会活动,可以培养孩子健全的人格。如果这时家长一定要孩子学电脑,让孩子太早面对冷冰冰的机器,会对他们的人格发展产生不好的影响。

另外,对4～7岁的儿童来说,学电脑也没什么意义:因为正常的成人只要一二个月就可以学会用电脑,没有必要让孩子从小就费九牛二虎之力去学。同时,电脑是变化发展很快的产品,让对此并没有认识能力的儿童学电脑,对以后不会有太大的帮助。

因此,专家建议,孩子在9～10岁以后,也就是读小学五六年级的时候开始学电脑比较合适。因为五六年级的小学生已经有了一定的知识,这时学电脑对他们来说不会太难,也不会对他们的人格产生不好的影响,同时对培养孩子的兴趣爱好也有好处。

(根据《家庭科学报》1997年2月14日祝晓强文章改写)

判断正误

( )1. 孩子学电脑越早越好。
( )2. 一般成人一二个月可以学会用电脑,4～7岁的孩子学得更快。
( )3. 4～7岁的孩子应该多玩多参加社会活动。
( )4. 专家建议,孩子五六年级的时候学电脑比较合适。

生　词

交际　jiāojì　(动、名)　social contact; communication　人与人之间的往来接触;社交。
九牛二虎之力　jiǔniú'èrhǔzhīlì　比喻非常大的力气。
培养　péiyǎng　(动)　foster; train　按照一定的目的长期地教育和训练。

阅读 3

广州人印象

全国的城市,我去得最多的是广州,有几十次了。如果说第一次是好奇,第二次是有了好感,第三次是产生了感情,那么第四次、第五次……第四十八次呢?我自己都说不清是为什么?人总吃一样东西,早晚会腻。为什么我来广州这么多次了,却还想来,总想来,还总呆不够呢?

全国各地有无数喜欢我的观众。随便到一个城市,随便走在一条大街上,虽不敢说影响交通,但找我签字、拉我合影的朋友络绎不绝。每到一个地方,男女老少大多对我的相声作品如数家珍,甚至对我的家庭也是了如指掌。只有在广州,只有面对广州人,完全是另一种感觉,一种普通人的感觉,我可以像普通人一样进出公共场所而不被人认出来。有时在街上走一天,能多看我一眼、能喊出我名字来的也不过几十个人。一打听,还都是外地人——真正的老广州没听说过"牛群"的太多了,至少不知道这是个人名,还以为是内蒙古草原上的一些什么。

奇怪的是,比起其他地方,广州认识我的人最少,而我来的次数却最多。我到底喜欢广州的什么呢?

广州人!我最喜欢的还是广州的广州人!

我对广州人的印象可以说上半天,但用两个词就完全可以概括:实际、真实!

广州人最少虚的,最讨厌虚的,甚至忙得没有时间去讨厌虚的。

人往往就是这样,最缺的就是最想得到的,最向往的就是最欣赏的……

(根据《羊城晚报》1997年7月20日牛群文章改写)

判断正误

( )1. 文章作者是一个演员。
( )2. 作者一共来过广州三十次。
( )3. 广州人对作者没有别的城市的人那么热情。
( )4. 在别的城市很多人认识作者。
( )5. 作者常来广州是因为作者在广州可以像个普通人。

(   )6. 作者喜欢广州人的实际、真实。

生　词

好奇　hàoqí　（形）　be curious　对自己所不了解的事物觉得新鲜而感兴趣。
腻　nì　（形）　be bored;be fed up　因次数过多而感觉厌烦:这首歌我都听腻了。
络绎不绝　luòyìbùjué　in an endless stream　人、马、车、船等前后相接,连续不断。
如数家珍　rúshǔjiāzhēn　as if enumerating one's family valuables——very familiar with one's subject　像数自己家里的珍宝一样,形容对列举的事物或叙述的故事十分熟悉。
了如指掌　liǎorúzhǐzhǎng　know Sth. like the palm of one's hand　形容对情况非常清楚,好像指着自己的手掌给人看。

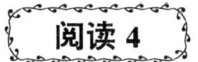

阅读4

送书的故事

　　送书不但要看对象,有时还要看看时间、地点、环境。
　　送的书被人丢掉,或被人卖到旧书店,这是极平常的事,送书人不必伤心。还有送书而挨骂的呢!
　　据说有一位送书人拿着他的一本"心血",上门去送给一位"有名人物"。当时这位"有名人物"正在打麻将,他打得很顺利,连连叫和,赢了很多钱,看到送书人到来,连叫:"请坐!请坐!""冲茶来!"他满面春风地接过了这本书,随手放在一边。

送书人坐了一会儿,就告辞了。"有名人物"继续打麻将,不知为什么从此变得不顺利,一输再输。他旁边一个人对他说:"头儿,你知道你为什么从赢变成输吗?"

"我怎么知道?!"

"送书就是送输,你接到了书,所以就要大输。"

"×××……"一连串国骂在这位"有名人物"口中吐了出来,他一扬手把书扔掉,扔得很远很远!

我们没有必要去研究这件事儿的真实性,权且当做小小说来谈好了。不过,送书确实要会看环境。

(根据《散文》1996年第3期司马攻文章改写)

选择正确答案

1. 作者的主要看法在文章的什么地方?
    A. 题目　　B. 第一段　　C. 第三段　　D. 第四段
2. 第三段"心血"指什么?
    A. 书　　B. 钱　　C. 花　　D. 金子
3. 倒数第二段"×××……"是什么?
    A. 一般的谈话　　B. 表扬人的话　　C. 骂人的话　　D. 吐食物的声音
4. "有名人物"什么时候骂人?
    A. 送书人进门的时候　　B. 大家一起喝茶的时候
    C. 打麻将赢了的时候　　D. 打麻将输了的时候
5. "有名人物"为什么骂送书的人?
    A. 因为"书"和"输"同音　　B. 因为他不喜欢那本书
    C. 因为那本书骂"有名人物"　　D. 因为那本书不漂亮

生　词

麻将　májiàng　(名)　mahjong　一种牌类娱乐用具。
和　hú　(动)　打麻将赢了。
告辞　gàocí　(动)　say goodbye to one's host　向主人辞别。

阅读 5

麻婆豆腐的传说

传说古时候成都有个万宝酱店,老板姓温,有一个女儿,名叫巧巧。这巧巧就像她的名字一样,心灵手巧,是个谁见谁夸的好姑娘,只可惜长了一脸麻子。巧巧长大以后,跟附近一个油坊的陈老板结了婚。陈老板以前是个穷苦人,不嫌妻子脸上有麻子,夫妻俩相敬如宾,共同努力,日子过得很不错。

不幸的是,结婚以后没几年,陈老板就在一次运油的路上意外死去。巧巧忍住悲痛,和小姑子一起,没日没夜地干。可是,油坊里都是力气活,女人哪儿干得了,油坊终于关门了。

邻居们见这姑嫂俩实在可怜,就经常给她们送点儿吃的。特别是两边的豆腐坊和羊肉店,过年过节时总不忘给她们送些豆腐和羊肉。巧巧和小姑子商量:"邻居们这么照顾我们,我们请大家吃顿饭吧。"小姑子说:"嫂子说得对!我也总想这样吃别人的不好意思。可是我们拿什么请客呢?"姑嫂俩想了很久,终于想出了一个主意:把邻居送来的羊肉切得小小的,再加上自己种、自己做的麻辣香料,和豆腐一起炖,就成了香辣美味的羊肉豆腐。请客那一天,邻居们都来了,吃着巧巧姑嫂做的这种菜,大家赞不绝口。

后来,巧巧姑嫂就把自己住的房子改成了小吃店,专卖这种香辣美味、价廉物美的羊肉豆腐,生意好极了。巧巧死了以后,人们为了纪念她,就把这种菜叫做"麻婆豆腐"。

(根据《广东商报》1997年2月13日文章改写)

选择正确答案

1. 第一段"相敬如宾"是什么意思?
   A. 互相尊敬像对宾客一样　　B. 互相仇恨像对仇人一样
   C. 如果宾客来了要互相尊敬　　D. 如果宾客走了要互相尊敬
2. 巧巧是谁的女儿?
   A. 油坊陈老板　　B. 酱店温老板　　C. 豆腐坊老板　　D. 羊肉店老板
3. 巧巧是谁的妻子?

A. 油坊陈老板　　B. 酱店温老板　　C. 豆腐坊老板　　D. 羊肉店老板

4. 陈老板的油坊为什么不开了?
   A. 陈老板不想开了　　　　　B. 陈老板的妻子不想开了
   C. 陈老板死了,他妻子没法开　D. 陈老板的妻子死了,陈老板没法开

5. 巧巧为什么想请邻居们吃饭?
   A. 她赚了很多钱　　　B. 她生了一个儿子
   C. 她生了一个女儿　　D. 邻居们照顾她

6. 第三段"炖"是什么意思?
   A. 一种洗菜方法　　B. 一种做菜方法
   C. 一种吃菜方法　　D. 一种买菜方法

7. 人们为什么把巧巧做的那种菜叫做"麻婆豆腐"?
   A. 因为巧巧脸上长有麻子　　B. 因为小姑子脸上长有麻子
   C. 因为那种菜很像麻婆　　　D. 因为麻婆都爱吃那种菜

8. 做"麻婆豆腐"时不需要哪种东西?
   A. 豆腐　　B. 羊肉　　C. 山珍海味　　D. 麻辣香料

生　词

麻子　mázi　（名）　pockmarks　脸上一点一点的疤痕。
坊　fáng　（名）　workshop;mill　小手工业者的工作场所:油～。
悲痛　bēitòng　（形、名）　grieved;sorrowful　很伤心。
价廉物美　jiàliánwùměi　价钱便宜可是东西很好。

第十八课

一、技　能

猜词之五：通过上下文推测生词（三）

某一生词处于上下文的语境中，读懂了上下文，就有可能猜出生词的大致意思。第十六课我们简单介绍了通过上下文推测生词主要的三种情况，本课我们来分析第二种情况——通过前边或后边的句子的意思推测。

人们使用语言的时候，前后句子不是孤立的，意义上存在着某种联系。

有时候，前面的句子先叙述，后面的句子对前面的叙述做总结。比如："朱大康家的房子非常破旧，屋子里只有一台旧风扇，连黑白电视机也没有，可见他家多么<u>贫穷</u>。"从前面句子的意思，可以猜出后面总结性词语"贫穷"应有"没有钱或少钱"的意思。"小王每天晚上学到十二点，星期六、星期天也不休息，非常<u>勤奋</u>。"从前面句子的意思，可以猜出后面总结性词语"勤奋"应有"努力、刻苦"的意思。

有时候，前面的句子是总结性的，后面的句子具体说明。比如："这部电影<u>糟透</u>了，很多人没看完就走了。"从后面的具体说明可以猜出前面总结性词语"糟透"应是"非常差"的意思。"张学友的演唱很<u>精彩</u>，观众们一次又一次地鼓掌，还有一些特别热情的观众跑上去献花。"从后面的具体说明，可以猜出前面的总结性词语"精彩"应有"好、出色"的意思。

因为前后句子之间存在着某种联系，所以我们有可能通过前边或后边的句子的意思推测生词。

练习

根据前后句子的意思推测划线词语的意思并将其大致意思写在括号里

1. 李刚想读中文系，又想读法律系，很<u>犹豫</u>。（　　　　）
2. 陈天来有漂亮的楼房，开"奔驰"高级小汽车，办大工厂，开大公司，是这个地方的<u>富豪</u>。（　　　　）
3. 张云不跟人打招呼，不帮助别人，昨天她的同屋发高烧，她像没看见

一样,对人非常冷漠。(　　　)
4. 这孩子两岁多了,还不会说话,不会走路,他妈妈担心他是白痴。
(　　　)
5. 邻居家那个三岁的小女孩身体真差劲,上个月才住了一次医院,最近又住院了。(　　　)
6. 林军是个马大哈,上课时常常带错课本,今天下课回宿舍时又忘了把笔拿走。(　　　)
7. 王医生医术精湛,找他看病的人特别多,有的病人天没亮就到医院排队挂号。(　　　)
8. 听到这个噩耗,李芳饭也吃不下,觉也睡不着,伤心地哭了三天三夜。(　　　)

根据上下文线索填上最可能出现的词语

1. 妈妈的生日快到了,今天我去邮局给她寄去了_____。
2. 凤凰牌自行车质量_____,我家那辆已经骑了十几年了,一点儿问题也没有。
3. 我去朋友家,朋友给我倒了一杯_____,喝了以后又凉快又解渴。
4. 这个非洲国家药品非常_____,很多病人买不起药。
5. 张明得了_____,被送进医院治疗。
6. 玛丽只学了半年汉语,哪儿_____这么难的文章?
7. 我那五岁的儿子把我最喜欢的花瓶弄到地上_____,我气得打了他一顿。
8. 报纸上都在赞美《廊桥遗梦》这部电影,我看完以后却感觉_____。

二、阅读训练

阅读 1

'97 张学友广州演唱会

特邀嘉宾：叶倩文小姐

迅速查找答案

1. 张学友演唱会什么时候举行？
2. 张学友演唱会在哪儿举行？
3. 最贵的票多少钱一张？最便宜的票多少钱一张？
4. 在天河体育中心能不能买到这个演唱会的票？
5. 有一个公司想买50张票，可拨哪个电话号码联系？

主办：广东省演出公司
承办：越秀山体育场
　　　广州市越秀山体育俱乐部有限公司
　　　广州市越秀山体育场停车场发展中心
演出地点：越秀山体育场
演出时间：5月23～25日　晚7：30～10：00
票价：特等票200元　一等票150元　二等票100元　三等票50元
售票时间地点：5月8日开始出售　越秀山体育场、市一宫、市二宫、三
　　　　　　　环文化发展中心、文化公园、黄花岗剧院、平安大戏院、
　　　　　　　华南影都、友谊剧院、天河体育中心、省演出公司
集体订票电话：83333604　81708375
广告联系电话：83350009

（根据《广州日报》1997年5月2日广告改编）

生　词

嘉宾　jiābīn　（名）honoured guest　尊贵的客人。
集体　jítǐ　（名）collective　许多人合起来的有组织的整体。

> 阅读 2

钓鱼的最佳时间

迅速查找答案

1. 一年中哪几个月是钓鱼的最好月份？
2. 夏天和秋天一天中哪几个小时钓鱼最好？
3. 冬天一天中哪几个小时钓鱼最好？
4. 从温度上看，温度多高钓鱼好？

  季节和天气对钓鱼有很大影响。从全年看，农历三至十月是最适合钓鱼的季节。因此，民间说："阳春三月好钓鱼，霜降前后正捉鳖。"三月以后，天气慢慢变暖，水温不断升高，鱼儿经过冬天的休息以后，开始找食物吃，越来越活跃，所以好钓鱼。

  从一天看，夏天和秋天最适合钓鱼的时间是上午六点至九点，下午四点至七点。除阴雨天以外，只有夏初和秋末才能全天钓鱼。冬天能钓鱼的时间，是上午十点以后，下午三点以前。因此，民间说："夏秋钓早晚，寒冬钓午时。"夏秋两季的夜晚也可以钓鱼，只是鱼儿没有白天活跃，同时，要准备好钓灯。

  从温度上看，一般温度在15℃～30℃比较好，而且要求温度不要变化太快、太大。夏秋季节，暴雨过后，空气非常新鲜，虽然温度比较高，仍然是钓鱼的好时机。

（根据《大众卫生报》1997年6月3日湘科文章改写）

生　词

活跃　huóyuè　（形）　brisk; active　行动活泼而积极：讨论会开得很～。
暴雨　bàoyǔ　（名）　大而急的雨。

> 阅读 3

"退稿"的启示

  俗话说：牙齿和舌头难免相碰。夫妻之间在一起生活，肯定会有矛盾。一次,我和妻吵了一架,一连几天我没理她。妻很生气,写了一份报告,说要离婚。我觉得好笑,想跟妻开个玩笑,可是见到她那难看的脸色,心想也就算了。怎么样跟妻子和好呢?正当我考虑这个问题的时候,忽然收到某报寄来厚厚的一封信,打开一看,是退稿,里边有一封冷冰冰的打印退稿信,上面连姓名也没填:"××同志,来稿收到,经研究不拟采用,特此退还。谢谢支持!××报。"看着看着,我有了主意,拿起笔在退稿信的上面填上妻的姓名,连同离婚报告一起退还给她。妻看后,忍俊不禁,"扑哧"一声笑了出来……

　　这事儿给了我一个启示:当家庭有矛盾的时候,幽默是解决问题的一个好办法,它能使我们的家庭充满欢乐。你不妨也试试。

(根据《家庭》1994年第6期文章改写)

选择正确答案

1. 妻为什么写离婚报告?
　　A. 我跟她打架　　B. 我跟她吵架　　C. 我有了情人　　D. 我拿了她的钱
2. 谁收到了报社的退稿?
　　A. 我　　B. 妻　　C. 报社　　D. 家庭
3. 谁收到了离婚报告的"退稿"?

A. 我   B. 妻   C. 报社   D. 家庭
4. 我用什么办法跟妻和好？
   A. 谈话   B. 送花   C. 幽默   D. 亲吻

生 词

启示 qǐshì （名） enlightenment; revelation   启发指示，使有所领悟：从他的经验中得到很大～。

拟 nǐ （动） 打算；想要：～于下月去上海。

忍俊不禁 rěnjùnbùjīn cannot help laughing 忍不住笑。

阅读 4

送礼送出问题

娇娇长得漂亮，一张小嘴又乖又甜，我们一家人把心都放在她身上。为了让娇娇得到多一点儿照顾，从幼儿园到小学，我们每学期都要拜访老师两三次，每次去都提些烟酒、水果等礼物。老师们没有忘记我们的要求，确实很关心娇娇。从幼儿园睡的小床、玩的玩具，到小学上课回答问题、课后辅导、安排座位，娇娇都得到特别照顾。娇娇每学期各科成绩总是九十几分、一百分，得的奖状、奖品放满一桌子。孩子高兴，我们更高兴。

但是没想到，上了中学，娇娇的学习成绩却一下子掉下来，考试成绩最好也就六七十分。我们非常着急，又找班主任，又找科任老师，但总是没有多大作用。到底是怎么回事呢？一个偶然的机会，我们遇到一位很有经验的中学老教师，我们跟他谈起了我们的难处。他讲的话很有道理：

"我常当班主任，像娇娇这样的情况我见得多了！

"娇娇从幼儿园到小学，家里人爱她，同学们让她，老师也特别照顾她，学习上有什么问题，总是老师帮她解决，一切都很顺利，没有遇到过什么困难，学习上缺少独立性、刻苦性，更没有自学能力。可是上了中学，课程多了、内容难了、教得又快，学习上的问题不可能都靠老师帮助解决，而娇娇靠老师靠惯了，学习成绩当然会掉下来。特别是她心里接受不了这种现实,自己又没有能力及时解决学习上的问题。这样,问题越来越多,就出现了今天这种情况。你们说我说得对吗?"

现在想起来,以前真不该要求老师这也关心、那也照顾,这样做对孩子没有好处。唉!娇娇是给"礼"害了。

(根据《家庭》1996年第12期文章改写)

选择正确答案

1. 写这篇文章的人是谁?
   A. 娇娇的老师   B. 娇娇的同学   C. 娇娇自己   D. 娇娇的父母
2. 娇娇的父母为什么常常给老师送礼?
   A. 希望老师照顾娇娇   B. 希望老师不管娇娇
   C. 希望老师身体好   D. 希望娇娇身体好
3. 老师对娇娇怎么样?
   A. 很不照顾   B. 不照顾   C. 比较照顾   D. 很照顾
4. 娇娇现在在哪儿上学?
   A. 幼儿园   B. 小学   C. 中学   D. 大学
5. 上幼儿园和小学的时候,娇娇学习成绩怎么样?
   A. 很不好   B. 不好   C. 比较好   D. 很好
6. 上中学以后,娇娇学习成绩怎么样?
   A. 很好   B. 比较好   C. 不好   D. 零分
7. 哪些话是那位中学老教师说的?
   A. 第一段和第二段   B. 第二段和第三段
   C. 第三段和第四段   D. 第四段和第五段
8. 那位中学老教师认为娇娇上中学以后出现的情况的主要原因是什么?
   A. 娇娇越来越不聪明   B. 娇娇越来越不努力
   C. 以前娇娇太依靠老师   D. 现在的老师不好

生　词

拜访　bàifǎng　(动)　pay a visit　敬辞,访问:～朋友。
奖状　jiǎngzhuàng　(名)　certificate of merit　为奖励而发给的证书。
偶然　ǒurán　(形)　accidental; chance　事理上不一定要发生而发生的:在公园～遇见一位老同学。

阅读 5

金 子

自从传说有人在萨文河畔散步时发现了金子以后,这里便常有来自全国各地的淘金者。他们都想成为富翁,于是找遍了整个河床,还在河床上挖出很多大坑,希望找到更多的金子。的确,有一些人找到了,但更多的人一无所获,只好失望地离去。

也有不愿意空手回家的,便住了下来,继续寻找。彼得·弗雷特就是其中的一个。他在河床附近买了一块没人要的土地,一个人默默地工作。他为了找金子,已把所有的钱都押在这块土地上。他埋头苦干了几个月,翻遍了整块土地,直到土地全变成了坑坑洼洼,他失望了——他连一丁点金子都没看见。

六个月以后,他连买面包的钱都没有了,于是他准备离开那儿。

就在他准备离去的前一个晚上,天下起了倾盆大雨,并且一下就是三天三夜。雨终于停了,彼得走出了小木屋,发现眼前的土地看上去好像和以前不一样:坑坑洼洼已被大水冲刷平整,松软的土地上长出一层绿茸茸的小草。

彼得忽有所悟地想:"我在这里没找到金子,但这块土地很肥沃,我可以用来种花,拿到镇上去卖给那些富人,他们一定会买些花装扮他们华丽的客厅。如果真是这样的话,那么我一定能赚许多钱,有一天我也会成为富人……"

于是彼得留了下来,他花了不少精力培育花苗,不久地里长满了美丽娇艳的各色鲜花。

五年以后,彼得终于实现了他的梦想——成了一个富翁。他常常骄傲地对别人说:"我是惟一一个找到真金的人!别人在这儿找不到金子后便远远地离开,而我的'金子'是在这块土地里,只有勤劳努力的人才能采集到。"

(根据陶猛译《金子》改写)

选择正确答案

1. 第一段"河畔"是什么意思?

A. 河旁边　　B. 河中间　　C. 河面上　　D. 河底下
2. 第一段"富翁"是什么意思？
　　A. 有钱　　B. 男人　　C. 有钱的男人　　D. 有钱的女人
3. 第一段"一无所获"是什么意思？
　　A. 得到一点儿　　B. 什么也没得到　　C. 得到一些　　D. 得到很多
4. 人们从全国各地来萨文河畔做什么？
　　A. 旅游　　B. 散步　　C. 赏花儿　　D. 找金子
5. 彼得为什么在河床附近买了一块地？
　　A. 为了种花儿　　B. 为了挖金子　　C. 为了建房子　　D. 为了种蔬菜
6. 彼得找到金子了吗？
　　A. 找到一点儿　　B. 找到一些　　C. 找到很多　　D. 一点儿也没找到
7. 后来彼得决定在他买的那块地上做什么？
　　A. 种蔬菜　　B. 种花儿　　C. 种粮食　　D. 建房子
8. 彼得是怎样成为有钱人的？
　　A. 种花卖　　B. 种蔬菜卖　　C. 找到金子　　D. 偷别人钱

生　　词

淘金　táojīn　　panning　用水选的方法从沙子里选出金子。
装扮　zhuāngbàn　（动）　dress up; attire　打扮：节日的广场被～得美丽极了。
精力　jīnglì　（名）　energy; vigour　精神和体力：年轻人～旺盛。
采集　cǎijí　（动）　gather; collect　收集、搜罗：～标本。

第十九课

一、技　能

猜词之五：通过上下文推测生词（四）

　　某一生词处于上下文的语境中，读懂了上下文，就有可能猜出生词的大致意思。第十六课我们简单介绍了通过上下文推测生词主要的三种情况。本课我们来分析第三种情况——通过一些句子的对立意义推测。

　　人们在使用语言的时候，有时会用到一些前后意义上对立的句子。利用这种对立关系，我们只要读懂了其中一个句子的意思，就有可能猜出另一个句子的意思。比如："你要动作快一点儿，不要磨磨蹭蹭。"从"要"和"不要"的对立意义，可以推出"动作快"和"磨磨蹭蹭"意思上是对立的，"磨磨蹭蹭"应有"动作慢"的意思。又比如："你不应该这么懒，应该多干点儿活儿。"从"不应该"和"应该"的对立意义，可以推出"懒"跟"多干活儿"意思上也是对立的，应有"不干活儿、少干活儿"的意思。再比如："李芳很蠢，不像她妹妹那么聪明。"从"不像"这个词我们知道两个句子意义上是对立的，"蠢"应有"不聪明"的意思。

　　第十七课、第十八课和本课我们只是分析了通过上下文推测生词主要的三种情况，并不全面，其他一些情况出现得相对少一些，这里暂不介绍。要说明的是，在实际语言中，我们分析的三种情况并不总是单独出现的，有时会两种甚至三种情况同时出现，这样有助于我们对生词做出相对精确的推测。比如："吃了钟大夫开的雷尼替丁，我的胃没那么疼了。"从第一个句子的句法搭配关系，我们可以猜出"雷尼替丁"是一种药，从第二个句子的意思，我们进一步猜出"雷尼替丁"是一种治胃病的药。

练习

根据句子前后的对立意义推测划线词语的意思并将其大致意思写在括号里

1. 这件事儿你要认真想清楚，不要这么草率。（　　　　）
2. 你应该自己做事情，不应该依赖别人。（　　　　）

3. 林红对人很热情,不像她妹妹那么冷漠。(   )
4. 她长得很苗条,不像她妈妈那么胖。(   )
5. 我以为他会接受,没想到他拒绝了。(   )
6. 我以为李伟得的是小病,没想到是绝症。(   )
7. 刘敏很喜欢吃榴莲,我却很讨厌,觉得特别臭。(   )
8. 没吃药,老王的病却痊愈了。(   )

根据上下文线索推测划线词语的意思并将其大致意思写在括号里

1. 李琳特别孝顺,每个星期天都要买一些好吃的东西去看父母。(   )
2. 他得了肺结核,被送进医院治疗。(   )
3. 王伯伯的妻子前几年死了,儿子又在外地工作,他身边没有一个亲人,很孤单。(   )
4. 你别喝那么多"茅台",喝多了要醉的。(   )
5. 张先生今天穿了一件"梦特娇"。(   )
6. 钟经理今天开着一辆"奥迪"去公司上班。(   )
7. 昨天的晚会上,叶爱莲唱了一首《萍聚》。(   )
8. 靖靖明年就小学毕业了。(   )

二、阅读训练

阅读1

房屋租售广告

迅速查找答案

1. 你想租一套两房一厅的住房,应拨哪个电话号码联系?
2. 你有一套一房一厅的住房想出租,可以传呼哪个BP机号码?
3. 你有一个400米² 左右的商店想出租,可以租给谁?
4. 你想买一套70米² 左右的住房,什么地方有?
5. 你想租办公室,可以跟谁联系?

出租两房一厅

联系人:李先生　电话:83336389

求租一房一厅

传呼:98030—22228,王先生

出租办公室

位于五羊新城,有电话、电梯、停车场,月租58元/米^2。

联系人:张伟平　电话:87590790

求租商店

广东天美食品公司,因业务发展需要,现求租十多间面积300~500米^{2}的商店。

联系人:刘慧芳　电话:87773288

出售楼房

天河西72米^{2}41万　　　　解放南69米^{2}39万
江南大酒店对面50米^{2}23万　东山独立小楼210米^{2}138万

联系人:周小姐　电话:84233782

(根据《羊城晚报》1997年2月6日广告改编)

生　词

出租　chūzū　（动）　hire out;rent out　收取一定的代价,让别人暂时使用:～图书。
求租　qiúzū　（动）　look to;rent　请求别人把东西出租给自己用。

阅读 2

动物节能

有的动物有特殊的节能本领,它们在遇到困难时,用冬眠、停止活动等方法来降低能量消耗。乌龟两年不吃食物,仍然会抬头观望,若无其事;鳄鱼七百天滴水不进,仍然行走自如;青蛙四百天不吃不喝,还能活着。蛇是变温动物,它直接利用太阳能,省去一些能量消耗。在冬季到来以前,它尽量多吃东西,把能量储存起来;它在冬眠时基本上处于静止状态,经过一百五十多天的冬眠,体重仅下降2%。

(根据《百科知识》1995年第8期文章改写)

根据短文填空

1. 乌龟可以_____年不吃东西。
2. _____可以七百天不喝水。
3. 蛇冬眠一百五十多天以后，体重只少了_____。

生　词

节能　jiénéng　save energy　节省能量。
消耗　xiāohào　（动）　consume; use up　因使用或受损失而慢慢减少。
观望　guānwàng　（动）　向四周或远处看。
若无其事　ruòwúqíshì　好像没有那么回事一样。
储存　chǔcún　（动）　store up; lay in　物或钱存放起来，暂时不用。

阅读 3

勤用脑，防衰老

勤用脑会不会缩短人的寿命，这一直是人们非常关心的问题。特别是老年人，对这个问题最关心。有人认为：人老了多用脑会得神经衰弱症，这种说法是不科学的。

国内外科学家的研究证明：人的神经细胞有120亿～140亿个，人脑每小时有1000～1200个神经细胞死亡，即使活到100岁，才损失10亿个左右神经细胞。现代科学家一致认为，大脑是有分工的，各个区的功能不同，如果一些区疲劳了，人们就可以使用另一些区。比如写累了可以看，看累了可以听，听累了可以做些体育活动。这样科学用脑，可以保持大脑的每个区都经常处于积极运动的状态中，既有活动的部分，也有休息的部分。实验证明，大脑中越是积极活动的部分，大脑皮质细胞就越丰厚，反之就会逐渐萎缩。

近年来，生理学家发现，人的脑子越用越发达，越用越灵活，而且有益于健康长寿。有人对16世纪以来欧美的数百名伟大人物进行了研究，发现最长寿的是科学发明家，平均寿命为80岁。其中阿基米德76岁，牛顿86岁，爱迪生85岁，爱因斯坦77岁。由此可见，脑力劳动者能长寿，经常用脑力劳动的老人，比同龄的体力劳动者大脑萎缩得慢，这说明多用脑、勤思考,可以延缓大脑衰老。

(摘自 1993 年 1 月 7 日《光明日报》)

判断正误

( )1. 经常用脑的人容易得神经衰弱症。
( )2. 人脑的神经细胞不多,因此要让大脑多休息。
( )3. 大脑是有分工的,科学的做法是交换使用各个区。
( )4. 常用脑对健康长寿有好处。
( )5. 16 世纪以来科学发明家的寿命都很短。
( )6. 这篇文章的主要内容是:多用脑对大脑、对健康长寿都有好处。

生　词

神经　shénjīng　(名)　nerve　把中枢神经系统的兴奋传递给各个器官,或把各个器官的兴奋传递给中枢神经系统的组织。
萎缩　wěisuō　(动)　wither;shrivel　干枯;身体、器官等功能减退并缩小。
长寿　chángshòu　long life　生命长。

阅读 4

张太太的英语角

我刚到英国剑桥,就听说米顿路 120 号有位热情好客的中国太太,她在自己家里专为中国人开办了英语角,每个星期一晚上八点零五分开始,十点半结束。

半年后,我搬了家,离她较近,而且工作也不像以前那么忙了,便渐渐成了英语角的常客。我以为自己的英语还不错,可是第一次上张太太家,一分钟便被无情地指出了三个实实在在的发音错误!

在英语角,我们不仅得到了英语语法、发音、生词和习惯用语方面的提高,更交流了思想,增进了友谊。英语角的客人中,有学术水平颇高的博士,也有旅游者和语言学校的学生。其中大部分来自中国,少数来自港澳等地区。学生一批批来,一批批去,其结果是张太太每年都收到难以胜数的信件和贺年卡。

英语角的内容包括天南地北,气氛融洽到哑巴也想唱歌的程度。一次,在爱情专题讨论会上,一位来自台湾的博士伤心地对大家说:为了考验相爱四年的女友,他故意写了一封绝交信,没想到真的被女友踢得断了手……正当大家七嘴八舌为他想办法的时候,我同情地说:"我在湖北有一位秋水回转、亭亭玉立的未婚妻——""停停!"张太太打断道:"没有结婚的,不能称为妻。"想不到英语还有比中文更保守的地方。

如果说在英语角有什么刻骨铭心的收获,那就是感觉到了中华民族的骨肉情。

(根据《人民日报》(海外版)1995年5月25日文国艺文章改写)

一、判断正误

( )1. 这个英语角每星期一晚上有活动。
( )2. 去英语角的人都是博士。
( )3. 在英语角里大家非常友好。
( )4. 张太太办英语角是为了钱。

二、选择正确答案

1. 文章介绍的英语角在哪儿?
   A. 中国湖北   B. 英国剑桥   C. 台湾   D. 香港

2. 去英语角的是什么人？
   A. 中国人　　B. 英国人　　C. 法国人　　D. 俄国人
3. 在英语角不能做哪一种事？
   A. 提高英语水平　　B. 交流思想　　C. 认识朋友　　D. 照顾老人

生　词

气氛　qìfēn　（名）　atmosphere　一定环境中给人某种强烈感觉的精神表现或景象：讨论会的～很热烈。
融洽　róngqià　（形）　harmonious; on friendly terms　彼此感情好,没有抵触：关系～。
考验　kǎoyàn　（动）　test　通过具体事件、行动或困难环境来检验。
绝交　juéjiāo　　break off relations as between friends or countries　朋友或国家间断绝关系。
保守　bǎoshǒu　（形）　conservative　维持原状,不求改进。
刻骨铭心　kègǔmíngxīn　be engraved on one's bones and heart; remember with gratitude to the end of one's life　比喻牢牢记在心里,永远不忘。

阅读 5

尴尬的新品种西瓜

上海市农科人员从一般家庭"一次吃光"的需要出发,培育出一种迷你型西瓜。可是,当这种西瓜被送到一个超市去的时候,却被老板拦住了：这么小的西瓜,怎么能放到货架上？送瓜的人想了想,打开一个瓜,满脸不悦的老板尝了尝,脸上立刻出现了笑容,连声说："好吃！好吃！"无独有偶,一个农科人员把自己培育的"冰激凌西瓜"送给一个朋友,朋友切开瓜一看,瓜瓤淡黄,看起来像生瓜一样,非常失望。农科人员劝朋友吃了再说,结果赢得一片称赞。从这两个新品种西瓜的尴尬,我们是不是可以看出一些问题？

当今世界,科学技术迅速发展,新产品、新品种不断出现。可是,为什么我国每年有 2/3 以上的农科成果得不到推广应用？为什么那么多人对农业新产品一无所知？这恐怕跟农科人员对自己的研究成果缺乏宣传有关系。"王婆卖瓜,自卖自夸。"确实好的瓜,为什么不能夸一夸？

（根据《解放日报》1997 年 7 月 16 日刘斌文章改写）

选择正确答案

1. 迷你型西瓜怎么样？
   A. 小，但是好吃　　B. 又小又难吃　　C. 大，但是难吃　　D. 又大又好吃
2. 第一段"满脸不悦"是什么意思？
   A. 一脸高兴　　B. 一脸不高兴　　C. 一脸伤心　　D. 一脸不伤心
3. "冰激凌西瓜"看起来怎么样？
   A. 像非常成熟的西瓜　　　　B. 像没有成熟的西瓜
   C. 像冬瓜的西瓜　　　　　　D. 像香蕉的西瓜
4. "冰激凌西瓜"吃起来怎么样？
   A. 不好吃　　B. 很不好吃　　C. 比较好吃　　D. 非常好吃
5. 第二段"一无所知"是什么意思？
   A. 了解一点儿　　B. 一点儿也不了解
   C. 非常了解　　　D. 有一点儿了解
6. 作者认为很多人不了解农业新产品的原因是什么？
   A. 新产品不好　　B. 新产品太少　　C. 宣传得太少　　D. 人们不想了解

生　　词

尴尬　gāngà　（形）　awkward; embarrassed　处境困难，不好处理。
培育　péiyù　（动）　cultivate; breed　培养幼小的生物，使它发育成长：～树苗。
无独有偶　wúdúyǒu'ǒu　It is not unique, but has its counterpart; not come single but in pairs　虽然不多见，但不只一个，还有一个可以成对。
瓤　ráng　（名）　pulp; flesh　瓜果皮里包着种子的肉或瓣。

第二十课

单元复习

一、猜词练习

旁　白

　　看见报纸的电影版上刊出《乱世佳人》重映①的广告，心里真高兴。我和妻早就想看这个片子，现在终于有了机会。

　　正当我和妻在剧院里全神贯注②地欣赏电影时，前座③的女孩不时侧过脸，和旁边一位身材高大的长发男士咬耳朵④。随着银幕上情景的变换，她的声音由于周围的安静而显得更清晰，成了令人不快的噪音。听她的口气，这片子她已经看过三四次了。每个场景出现以前，她便急忙告诉她的男友——紧接着，银幕上果然出现了她的预料，她得意地推推那位男士，高兴地说："喏，你看，我说的没错吧！"

　　她说得兴高采烈，我却是越看越气。她不仅破坏了我欣赏电影的愉快心情，她的"旁白⑤"更使我失去了思考的乐趣。我再也忍不住了，就拍拍她的肩膀⑥，说："小姐，请用你的眼睛'看'电影，我们将很感谢你！"

　　她先是惊讶，又有点儿生气，向邻座⑦的男朋友嘀咕⑧一下之后，倒真的乖乖不说话了。

　　妻拉了我一下，低声说："她那强壮的男朋友一会儿不找你麻烦就奇怪了！"

　　影片很长，中间有五分钟的休息。我起身去小卖部买饮料，走着走着，无意中看到那位男士紧跟在我后面。我有点儿怕了：他真的来找麻烦了吗？

　　我走得更快，他也迅速⑨地跟上来，越靠越近。突然，他一只手扳⑩过我的肩膀，另一只手迅速握住我的右手——

他说:"先生,谢谢你!我自己实在没有勇气对她这样说。"

(根据台湾清溪客同名小说改写)

选择正确答案

1. 重映　　A. 重新　　　B. 放映　　　C. 重新放映　　D. 双重反应
2. 全神贯注　A. 非常认真　B. 比较认真　C. 很不认真　D. 不认真
3. 前座　　A. 前边　　　B. 座位　　　C. 前边的座位　D. 后边的座位
4. 咬耳朵　A. 吃一个人的耳朵　　B. 在耳朵旁边说话
　　　　　C. 摸一个人的耳朵　　D. 吻一个人的耳朵
5. 旁白　　A. 很好听的话　　　　B. 很有意思的话
　　　　　C. 对自己说的话　　　D. 对观众说的话
6. 肩膀　　A. 身体的一部分　　　B. 长在河里的螃蟹
　　　　　C. 女孩子用的皮包　　D. 女孩子坐的椅子
7. 邻座　　A. 旁边　　　B. 座位　　　C. 旁边的座位　D. 很远的座位
8. 嘀咕　　A. 小声说　　B. 用眼看　　C. 用手打　　　D. 用脚踢
9. 迅速　　A. 非常慢　　B. 非常快　　C. 吃着东西　　D. 流着汗
10. 扳　　　A. 手的一个动作　　　B. 脚的一个动作
　　　　　C. 眼的一个动作　　　D. 嘴的一个动作

二、阅读训练

阅读 1

代做小偷

填　空

1. 加拿大有一家商行卖_____。
2. 买"小偷"的是_____。
3. _____美元可以买一个"小偷"。
4. 售货员和警察抓"小偷",是为了吓_____。

　　加拿大的多伦多市有一家商行,它销售的产品全是"小偷"。它的服务对象是大百货公司,每当卖给一家百货公司一个"小偷",就可以收入100～150美元。"小偷"要在百货公司里"偷"东西,当"小偷""偷"东西时，预先藏好的售货员和警察就一起把"小偷"抓住。然后，捆住"小偷"的双手，抓住他的衣领，并大声骂他，热热闹闹地送到警察局，而"小偷"则像真的一样拼命想逃。他们演出这样的闹剧，是想警告那些时刻都想偷东西的人。

（根据《读者精华》第5期文章改写）

生　　词

闹剧　nàojù　（名）　farce　喜剧的一种，通过滑稽情节、热闹场面来揭示剧中人物行为的矛盾，比一般喜剧更夸张。
警告　jǐnggào　（动）　warn;admonish　提醒，使警惕。

阅读 2

音乐并非全都有益

科学家曾对几个不同交响乐队的300多个演员进行调查分析，结果表明：平时以演奏古典乐曲为主的乐队演员，心情大都平稳愉快、身体健康；以演奏现代乐曲为主的演员，有70%以上的人患有不同程度的精神过敏症，有60%以上的人有急躁症，有22%以上的人有不同程度的情绪低落，还有一部分人出现头痛、失眠、耳痛、耳鸣等症状。科学家还对一些音乐爱好者做过调查，发现在经常欣赏古典音乐的家庭里，人与人的关系比较和睦；经常欣赏浪漫派音乐的人，性情开朗、思想活跃；而喜欢嘈杂的现代派音乐的家庭，其成员之间经常争吵。

有人在生产单位做过试验，尤其是在安装有大规模流水作业线的车间试验，效果十分明显。有好的音乐的车间可以提高工作效率30%，但播放的曲目一定要选择好。如果在车间先播放节奏快的音乐，然后再播放节奏慢的音乐，就会降低工作效率；如果无规律地播放音乐，还会造成产品质量下降和生产大量废品。

（根据1997年《中国人口报》张润民文章改写）

判断正误

（　　）1. 古典音乐对人的心情、身体都有好处。

( )2. 现代音乐对人的心情、身体的好处比古典音乐更大。
( )3. 欣赏不同的音乐对家庭里人与人的关系有影响。
( )4. 好的音乐能使人多做工作。
( )5. 什么音乐都只有好处没有坏处。

生　词

演奏　yǎnzòu　（动）　play a musical instrument in a performance　用乐器表演。
情绪　qíngxù　（名）　morale;feeling　人从事某种活动时产生的兴奋的心理状态。
症状　zhèngzhuàng　（名）　symptom　有机体因发生疾病而表现出来的异常状态:早期～。
和睦　hémù　（形）　harmony;concord　相处融洽友爱;不争吵:家庭～。
嘈杂　cáozá　（形）　noisy　声音杂乱;喧闹:人声～。

阅读 3

散　　步

我们在田野散步:我,我的母亲,我的妻子和儿子。

母亲本来不愿意出来。她老了,身体不好,走远一点儿就觉得很累。我说,正因为如此,才应该多走走。母亲信服地点点头,便去拿外套。她现在很听我的话,就像我小时候很听她的话一样。

天气很好。今年的春天来得太迟了,太迟了,有一些老人挺不住。但是春天总算来了。我的母亲又挺过了一个严冬。

这南方初春的田野,大块小块的新绿随意地铺着,有的浓,有的淡;树上的嫩芽也密了;田里的冬水也"咕咕"地起了水泡。这一切都使人想着一样东西——生命。

我和母亲走在前面,我的妻子和儿子走在后面。小家伙突然叫起来:"前面是妈妈和儿子,后面也是妈妈和儿子。"我们都笑了。

后来发生了不同意见:母亲想走大路,大路平顺;儿子要走小路,小路有意思。不过,一切都由我决定。母亲老了,她早已习惯听从她强壮的儿子;儿子还小,他还习惯听从他高大的父亲;妻子呢,在外面,她总是听我的。一霎时,我感到了责任的重大。我想找一个两全的方法,找不出;我想拆散一家人,分成两路,各得其所,终不愿意。我决定按母亲的意见走大路,因为我和儿子的日子还长呢。

但是母亲摸摸孙子的小脑瓜,变了主意:"还是走小路吧。"她的眼向小路望去:那边有金色的菜花,两行整齐的桑树,尽头是一口水波粼粼的鱼塘。"我走不过去的地方,你就背我。"母亲对我说。

这样,我们在阳光下,向着那菜花、桑树和鱼塘走去。到了一处,我蹲下来,背起了母亲,妻子也蹲下来,背起了儿子。母亲虽然高大,然而很瘦,自然不算重;儿子虽然很胖,毕竟还小,自然也轻。但我和妻子都是慢慢地、稳稳地,走得很仔细,好像我背上的同她背上的加起来,就是整个世界。

(根据《中国青年报》1985年8月2日莫怀成文章改写)

一、猜词练习

1. 第三段"严冬"是什么意思?
    A. 非常冷的冬天　　　B. 比较冷的冬天
    C. 很暖和的冬天　　　D. 不下雪的冬天

2. 第五段"小家伙"指谁?
    A. 妻子　　B. 母亲　　C. 儿子　　D. 我

3. 第六段"两全"是什么意思?
    A. 只顾母亲一方面　　　B. 只顾儿子一方面

C. 顾全母亲、儿子两方面　　D. 只顾自己一方面
4. 第六段"粼粼"是什么意思？
   A. 形容菜花　　B. 形容桑树　　C. 形容水波　　D. 形容天气

二、选择正确答案

1. 他们几个人一起散步？
   A. 五个　　B. 四个　　C. 三个　　D. 两个
2. 前一段时间气候怎么样？
   A. 不好　　B. 很好　　C. 比较好　　D. 一般
3. 今天天气怎么样？
   A. 不好　　B. 很好　　C. 比较好　　D. 一般
4. 母亲开始为什么想走大路？
   A. 因为大路有意思　　B. 因为大路好走
   C. 因为他害怕儿子不高兴　　D. 因为大路种着花
5. 小路上没有什么？
   A. 果树　　B. 桑树　　C. 菜花　　D. 鱼塘
6. 这一家三代之间关系怎么样？
   A. 长辈听晚辈的　　B. 晚辈听长辈的　　C. 互相爱护　　D. 矛盾很多

生　词

挺　tǐng（动）endure; hold out　勉强支撑：他有病还挺着上班。
一霎时　yīshàshí（名）a short time　一会儿；短时间：就一霎工夫。
各得其所　gèdéqísuǒ　each is in his proper place; each is properly provided for　每个人或事物都得到合适的安顿。

阅读 4

感 谢 信

编辑同志：

　　我因小时候得碎骨症双腿不能走路，1995年初中毕业以后，一直在家里自学英语。

去年下半年,我开始通过电视屏幕学习英语。为了把这套电视大学试用教材学好,能和正式学员一样,在规定的时间内达到应有的水平,我非常希望能得到电大印发的英语资料、考试卷以及教学大纲等。

今年3月,我给本县驻军的一个电大教学班写信求助。一周左右我就收到他们寄来的期末考试卷和第二册《英语辅导》,他们还来信说:"由于我们只是一个教学班,资料不多,不能完全满足你的要求,望见谅……并建议你与温江市电大工作站联系,以取得更大的帮助。"他们还给我所在的居民委员会写信,希望军民共同把我这个残疾青年培养成有用人才。居民委员会被驻军教学班同志的工作热情和高度社会责任感所打动,把我的情况反映给市电大工作站。

后来,我写信与市电大工作站联系。从回信中知道,整个工作站只有两位同志,他们正忙于全市电大期末考试、改卷及补考的工作,但他们非常负责,在收信后第二天就给我寄来了所需的资料和登有英语学习文章的三本《电视大学》杂志。工作站考虑到我行走困难,而驻军教学班又要迁至江苏,介绍我与本县省化机厂电大教学班联系。

从这里,我看到了对残疾青年走自学道路,整个社会都是热情支持的。

编辑同志,我怀着兴奋、感激和崇敬的心情,给你们寄这封信,讲述广播电视教育系统的好人好事,也借此机会向他们表达我衷心的感谢。今后我一定努力学习,使自己的英语达到更高的水平。

四川省什邡县　李国明
1997年4月2日

选择正确答案

1. 第一段"碎骨症"是什么意思?
   A. 一种病　　B. 一种草　　C. 一种感觉　　D. 一种动作
2. 第三段"驻军"是什么意思?
   A. 住在一个地方的农民　　B. 住在一个地方的军队
   C. 住在一个地方的工人　　D. 住在一个地方的老师
3. 这封感谢信是谁写的?
   A. 一个报社编辑　B. 一个残疾青年　C. 一个电大老师　D. 一个驻军军人

4. 他为什么写这封感谢信？
   A. 因为驻军的同志热情帮助他治病
   B. 因为电大的同志送给他很多钱
   C. 因为电大的同志热情帮助他自学英语
   D. 因为居委会的同志帮助他做家务
5. 驻军电大教学班的同志为什么建议他与温江市电大工作站联系？
   A. 因为他们的学习资料不多　　B. 因为他们怕麻烦
   C. 因为他们不喜欢残疾人　　　D. 因为他们太忙了
6. 温江市电大工作站的同志对他怎么样？
   A. 因为他们工作太忙了,所以没有时间帮助他
   B. 虽然他们工作很忙,可是仍热情地帮助他
   C. 因为他们工作不太忙,所以有时间帮助他
   D. 因为他们不喜欢残疾人,所以他们不帮助他
7. 从这封感谢信讲述的情况来看,人们对残疾人自学的态度怎么样？
   A. 坚决反对　　B. 热情支持　　C. 不理解　　D. 不关心

生　　词

屏幕　píngmù　（名）　screen　显像管壳的一个组成部分,可显示出波形或图像。
大纲　dàgāng　（名）　outline　系统排列的内容要点:教学～。
残疾　cánjí　（名）　deformity　肢体、器官或其功能方面的缺陷:～儿童。
崇敬　chóngjìng　（动）　esteem;respect　推崇尊敬。

第二十一课

一、技　　能

句子理解之一：压缩句子（一）

我们在阅读文章的时候，有时会遇到一些长句、难句，影响我们对文章的理解和阅读速度。对这些长句和难句，有几种阅读技能可以帮助我们进行理解，提高阅读速度：一是压缩句子；二是抽取主干；三是抓关键词及关键标点符号；四是抓关联词语。从这一课开始，我们将逐一介绍和训练这四种技能。本课和下一课先介绍和训练压缩句子的技能。

压缩句子，是指把句中不重要的词和句子成分略去不看。主要有下面三种情况：

一是略去不影响句子意思的并列近义词语。比如下面句子的划线部分可略去不看："听到这个不幸的消息，她心里充满了悲伤、<u>沮丧和绝望</u>。"

二是略去无关大局的举例性词语。比如："这家水果店卖世界各地的水果，像<u>泰国的榴莲</u>、<u>日本的水晶梨</u>、<u>菲律宾的芒果</u>、<u>澳大利亚的弥猴桃</u>、<u>美国的蛇果</u>……真是应有尽有。"

三是略去与全句主要意思无关或重复的引言。比如："玉珍和志刚结婚了，'<u>有情人终成眷属</u>'，大家都为他们高兴。"

本课我们先分析第一种情况，下一课将分析第二、第三种情况。

有些句子的某一成分是一些并列近义词语，作者使用这些并列近义词语，或为了渲染一种情绪、气氛，或为了从多个角度强调一个观点……这些并列近义词语很多并不影响整个句子的意思，阅读时，为了提高阅读速度，可以略去不看。比如："在妈妈怀里，孩子感到幸福、<u>安详</u>、<u>温馨</u>。"在谓语动词"感到"后做宾语的是三个并列形容词，三个词表示的都是一种美好的感受，阅读时，看懂其中一个词就行了。再比如："这条裙子样式好看、<u>颜色鲜艳</u>、<u>做工精良</u>、<u>价钱合理</u>，我很喜欢。"充当谓语的是四个并列主谓词组，分别从样式、颜色、做工、价钱几个方面说明这条裙子好，"我"喜欢，阅读时，也是看懂其中一个就行了。特别是遇到生词的时候，我们便可以略去不看。

练习

下列句子,哪些并列近义词语可以略去不看,请在下面划线

1. 林飞念课文念得流利、准确、清晰、宏亮,像个播音员。
2. 昨天的晚会热闹、有趣、轻松、欢快,大家都很满意。
3. 对这件事儿,她感到担心、惊恐、惶惑、不安。
4. 陕西出产的红富士苹果皮薄肉多、又甜又脆、价钱便宜,很受欢迎。
5. 晓春这姑娘,聪明、美丽、热情、有礼貌、有气质,我对她印象很好。
6. 广州的秋天,天气晴朗、阳光灿烂、雨量适中、风景秀丽、空气清新、不冷不热,是一年中最好的季节。

阅读下面的句子,然后用一个词或一个词组回答问题

1. 正是夏天,屋后边的那棵荔枝树结满了红艳艳、清香四溢、美味无比的果子。
   荔枝树上有什么?
2. 这种奶粉具有营养均衡、不热不燥、不加蔗糖、食用方便等优点,是孩子们的理想食品。
   作者劝消费者给孩子们吃什么?
3. 为了给丈夫治病,她把家里值钱的东西,如结婚时买的彩电、她最珍爱的金项链……都卖了。
   她卖什么?
4. 春天的公园,到处都开满了鲜花,红的、白的、黄的、紫的,浓的、淡的,真是万紫千红。
   公园有什么?
5. 你的那颗牙三天两头疼,"长痛不如短痛",你还是拔了吧。
   说话人劝他做什么?
6. 妈妈最了解钟颖,俗话说"知女莫如母",妈妈知道女儿喜欢什么、讨厌什么、需要什么。
   妈妈怎么样?

二、阅读训练

阅读 1

1997年4月1日广州市菜篮子价格

填　空

1. 下面的价格表是_____做的。
2. 西红柿每公斤_____元。
3. 排骨每公斤_____元。
4. 蔬菜中最便宜的是_____。
5. 最贵的菜是_____。
6. 整条买草鱼每公斤_____元。

单位：元/公斤

品　种 蔬菜类	零售价	品　种 鲜猪肉类	零售价	
菜　心	5.00	无皮上肉		
矮脚白菜	2.80	有皮上肉	19.40	
黄　瓜	2.20	瘦　肉	25.00	
生　菜	1.40	排　骨	22.40	
西洋菜	2.00	水产品类	整条	开刀
菠　菜	2.80	草　鱼	11.00	13.40
土　豆	1.60	鳙　鱼	10.40	12.60
大白菜	1.60	鲤　鱼	7.20	8.80
西红柿	2.80	鲮　鱼	12.60	
芥　兰	3.00			
萝　卜	1.60			
菜　花	2.80			
广州市菜篮子报价中心				

（选自1997年4月1日《粤港信息日报》）

生　词

零售　língshòu　（动）　retail　把商品不成批地卖给消费者。

阅读 2

能用汽车搬运的直升飞机

迅速查找答案

1. 这种名叫"蜻蜓"的直升飞机是哪国人发明的？
2. "蜻蜓"直升飞机多高？多长？
3. "蜻蜓"直升飞机可以运多重的东西？
4. "蜻蜓"直升飞机一次能飞多远？
5. "蜻蜓"直升飞机为什么能用汽车搬运？

这种名叫"蜻蜓"的直升飞机高不到2米，长约5米，是由意大利考古学家、一对孪生兄弟安吉罗·卡斯蒂利奥内和阿尔弗勒德·卡斯蒂利奥内研制发明的。在去非洲旅行时，他们正需要这种能乘坐两人和携带一大堆仪器的小型直升飞机。

虽然"蜻蜓"直升飞机很小，但是它的飞行性能非常好。整架直升飞机重250千克，可以用任何汽车搬运。它可以装运450千克的东西，功率为130马力的发动机可使飞行速度达到150千米/小时。"蜻蜓"直升机一次能在空中飞1.52个小时，飞行330千米。

(根据《知识就是力量》1995年第8期道奇文章改写)

生　词

携带　xiédài　（动）　carry; take along　随身带着：每个顾客可～20公斤行李。
性能　xìngnéng　（名）　performance of a machine, etc　机械或其他工业制品对设计要求的满足程度：这台收音机～良好。
功率　gōnglǜ　（名）　power　物体在单位时间内所做的功。

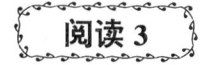

温馨的老妇

温馨老妇，开一家小店，门口放一个筐，筐里装着各式漂亮的帽子：鸭舌帽、宽沿牛仔软帽、灯芯绒女帽……店里的墙上挂着许多丝巾，都是今年流行的样式:加长型的、上面贴着金色的圆点的,非常美。

老妇十几岁去香港谋生时,口袋里只有几块钱,结婚后开始做生意,有了一些钱后送儿子到美国读书,然后一年年老下去,最后回广州开一家卖服装的小店。

老妇把胳膊支在柜台上,见我进来,高兴得眼睛都眯起来,从衣架上找出一条红色长裙,一定要我买。我不想买,说没带钱,老妇说:放下两元,别的半年后再给。

老妇开这家小店,不是为了赚钱,而是为了让日子过得有意思,她的这个选择实在温馨。看看老妇,年轻时一定是个美人。而今天,在阳光下,开一家小店,卖自己年轻时喜欢的种种东西:衣裙啦、首饰啦、口红啦、帽子啦……和来买东西的女士们交谈,这日子实在轻松愉快。

每次去,我都看见一位满头银发、精神爽朗、温文尔雅的老人在帮她的忙。原以为是她丈夫,其实不然,那是她的舞伴。什么时候想跳舞了,店门一关,双双翩翩而去。

这温馨的日子,真让人羡慕,真想赶快老了,也开这样一家小店。

(根据张梅同名文章改写)

压缩下面两个句子，在可以略去不读的部分划线

1. 在阳光下，开一家小店，卖自己年轻时喜欢的种种东西：衣裙啦、首饰啦、口红啦、帽子啦……
2. 每次去，我都看见一位满头银发、精神爽朗、温文尔雅的老人在帮她的忙。

选择正确答案

1. 第三段"胳膊"是什么意思？
   A. 一种花儿　　B. 一种植物　　C. 一种服装　　D. 身体的一个部位
2. 老妇年轻时在哪儿？
   A. 香港　　B. 广州　　C. 美国　　D. 深圳
3. 老妇现在在哪儿开小店？
   A. 香港　　B. 广州　　C. 美国　　D. 深圳
4. 老妇开店是为了什么？
   A. 赚一些钱　　B. 店里有她喜欢的人
   C. 让儿子高兴　　D. 让生活有意思
5. 老妇对顾客怎么样？
   A. 不热情　　B. 很热情　　C. 还可以　　D. 最不好
6. 作者觉得老妇的这种生活方式怎么样？
   A. 没有意思　　B. 很有意思　　C. 还可以　　D. 最不好

生　词

温馨　wēnxīn　（形）　温暖、散发着香气，让人觉得舒服。
温文尔雅　wēnwén'ěryǎ　gentle and cultivated　态度温和，举动文雅。
舞伴　wǔbàn　（名）　dancing partner　一起配对跳舞的人。
翩翩　piānpiān　（形）　lightly　形容轻快地跳舞、走路。
羡慕　xiànmù　（动）　admire; envy　看见别人有某种长处、好处或有利条件而希望自己也有。

阅读 4

奇妙的生物共存——鱼类的圣殿

当你潜入海底时，有时会遇到一些色彩艳丽的红白条纹小虾和一些蓝黑条纹小鱼，把一条很大的鱼围在中间，却毫不畏惧。这些小虾小鱼都骑在大鱼的背上,用嘴一下一下地不停地啄着大鱼的鳍,好像在戏弄大鱼一样,但是大鱼却乖乖地一动也不动。

如果你能遇到这种情景,真是太幸运了。因为那正是一幕非常奇妙的生态平衡的场面。

有红白条纹的虾是清扫虾,有蓝黑条纹的鱼是清扫鱼,在生物界把它们叫做"清洁工"。这些"清洁工"有自己的工作场所——清洁站。海洋里的鱼都知道清洁站的地点,想要"洁身"时,便登门求助。"清洁工"们能游到客人的体表和鳃上,有时甚至进入口中,把附在客人身体上的寄生虫啄下吃掉。

一到清洁站,无论大鱼还是小鱼都表现出一种特别的请求清扫的姿势:它们把鳍完全展开,像孔雀开屏一样,并大张着嘴和鳃,尾巴向下直立着。这种姿势使它们完全没有战斗能力,这时如果有敌人要吃它们,那它们就别想活了。

但是,在清洁站里,是不会发生战斗的。无论是强者还是弱者,在这里都和平友好,可以放心地休息。这里就像是海洋中所有鱼类的圣殿。

(根据《知识就是力量》1996年第3期杨贵勤文章改写)

选择正确答案

1. 第一段"毫不畏惧"是什么意思?
 A. 一点儿都不怕　　B. 有一点儿怕　　C. 不要害怕　　D. 非常害怕
2. 第三段"洁身"是什么意思?
 A. 清洁　　B. 身体　　C. 清洁身体　　D. 清洁房间
3. 第二段"体表"是什么意思?
 A. 身体　　B. 表面　　C. 身体表面　　D. 身体里面
4. 下面哪两种动物是文章中提到的鱼类"清洁工"?
 A. 大鱼和小虾　　　B. 大鱼和小鱼
 C. 寄生虫和大鱼　　D. 小虾和小鱼
5. 海洋里的鱼想"洁身"时,去什么地方?
 A. 海边　　B. 海底　　C. 海面　　D. 清洁站
6. 下面哪种姿势不是鱼请求"洁身"时做出的姿势?
 A. 展开鳍　　B. 张开嘴和鳃　　C. 尾巴向下直立　　D. 摇尾巴
7. 文章为什么说清洁站好像是鱼类的圣殿?

A. 因为清洁站非常漂亮　　B. 因为清洁站有很多好吃的
C. 因为在清洁站里各种鱼和平友好　　D. 因为在清洁站里各种鱼经常战斗

生　　词

奇妙　qímiào　（形）　marvellous;wonderful　稀奇巧妙（多用来形容令人感兴趣的新奇事物）。
圣　　shèng　（形）　最崇高的。
殿　　diàn　（名）　高大的房屋。
潜　　qián　（动）　go under water;dive　进入水面以下。
生态　shēngtài　（名）　organisms'habits, modes of life and relation to their environment
　　　　　　　　　　　生物的生理特性和生活习性。
平衡　pínghéng　（形）　balance;equilibrium　对立的各方面在数量或质量上相等或相抵。
清扫　qīngsǎo　（动）　sweep;clean　扫除；清理。
戏弄　xìnòng　（动）　make fun of　耍笑捉弄；拿人开心。
姿势　zīshì　（名）　posture　身体呈现的样子：立正的～。

我不再羡慕……

　　从山村考进大学那年,我才十六岁,全身上下飞扬着土气。没有学过英语,不知道安娜·卡列尼娜是谁;不会说普通话,不敢在大家面前说一句话;不懂得烫发能增加女性的妩媚;第一次看到男同学搂着女同学跳舞,吓得心跳脸红……上床的佳佳从大城市来,一口流利的普通话,一口发音吐字皆佳的英语;她见多识广,不但知道安娜·卡列尼娜,还知道约翰·克里斯朵夫;她涂着口红,化着淡淡的妆,只要她一出现,男同学就前呼后拥地围着她。

　　那时,我对自己遗憾得要命,对佳佳羡慕得要命。

　　有一次,佳佳不厌其烦地讲她八岁那年怎么样勇敢地从城西换一趟车走到城东,我突然想到,我八岁的时候,自己一人翻过几座大山,把我养的一头老牛从深山里找回来。从此,我不再羡慕佳佳。

　　上大学三年级的时候,女同学好像什么事都羡慕男生,"下辈子再也不做女人"这句话挂在嘴上……学习成绩差了,知识面窄了羡慕男同学;软弱时哭了就骂自己是个女人没出息;连失恋也怪自己是女人;甚至对男人可以在夏天穿短裤、背心、理短发也羡慕得要死。有一次,一个男同学跟我推心置腹地谈了一个晚上。我知道了男人的好成绩也少不了死记硬背,男人的知识面也不一定宽;知道了男人也哭;知道了男人常常追求女人却又追求不到;知道了男人也羡慕女人可以穿裙子;知道了男人觉得自己活得累,男人也说"下辈子不再做男人"……

于是我不再为自己是个女人而遗憾。

（根据《读者文摘》1989年第7期艾菲文章改写）

在第四段划出可以略去不读的部分

选择正确答案

1. 第一段"皆佳"是什么意思?
 A. 都好　　B. 不好　　C. 美丽　　D. 可爱
2. 第一段"见多识广"是什么意思?
 A. 见过的事情多　　　B. 知道的事情多
 C. 见过的、知道的多　　D. 见过的、知道的少
3. 下面哪个不是"我"羡慕佳佳的原因?
 A. 见多识广　　B. 会说英语　　C. 男生喜欢她　　D. 会种田养牛
4. 后来,"我"为什么不羡慕佳佳了?
 A. "我"发现自己也有比佳佳强的地方
 B. "我"发现佳佳又不聪明又不漂亮
 C. "我"的英语说得比佳佳还要好
 D. 有很多男同学夸"我"见多识广
5. 大学三年级的时候,为什么很多女生羡慕男生?
 A. 因为男生都有当经理的爸爸
 B. 因为男生可以不参加考试
 C. 因为男生不用种田养牛
 D. 因为男生有很多地方比自己强
6. 跟一位男同学推心置腹地谈了一个晚上以后,"我"为什么不再羡慕男同学了?
 A. 因为男同学有养牛的爸爸
 B. 因为男同学要照顾父母

C. 因为男同学也有很多难处
D. 因为男同学又难看又不聪明

生　词

不厌其烦　bùyànqífán　not mind taking all the trouble; take great pains　不嫌麻烦。形容很耐心。
出息　chūxi　（名）　promise; prospects　指发展前途或志气。
失恋　shīliàn　be disappointed in a love affair　恋爱的一方失去另一方的爱情。
推心置腹　tuīxīnzhìfù　to fully confide in sb　形容真诚地对待人。
死记硬背　sǐjìyìngbèi　mechanical memorizing　死板地、不灵活地记下一些内容。

第二十二课

一、技　能

句子理解之一：压缩句子（二）

第二十一课我们介绍了压缩句子的技能，分析了第一种情况，本课我们来分析第二、第三种情况。

压缩句子的第二种情况是略去无关大局的举例性词语。有时候，句子里会出现一连串的举例性词语，使句子显得很长。实际上，这些举例性词语都是说明某一观点、论断的，对文章、段落的意思没有太大的影响，在快速阅读时可以略去不看。比如："王先生去过很多国家，例如<u>亚洲的日本、韩国、新加坡、泰国，欧洲的英国、法国、德国、意大利，美洲的加拿大、美国、墨西哥……</u>""例如"后的划线部分都是说明"王先生去过很多国家"的，在快速阅读时可以略去不看。再比如："钱教授家的书可多了，<u>文学的、哲学的、历史的，古典的、现代的，中文的、英文的……</u>简直像个小图书馆。"句中划线部分是可以略去不看的举例性词语。

压缩句子的第三种情况是略去与全句主要意思无关或重复的引言。有时候，句子中会出现引言，引言一般都是成语或俗语，对外国人来说，是比较难看懂的。不过，这些引言常常是对所叙述的情况的重复概括，它的作用只是增加文学色彩，对句子的意思没有多大影响，可以略去不看。比如："邓兰坡教授今年发表了十多篇论文，他的博士生陈弘发表了二十多篇论文，学生的研究成果比老师还多，真是'<u>青出于蓝而胜于蓝</u>'！"引言"青出于蓝而胜于蓝"是对前文的重复概括，可以略去不看。再比如："'<u>只要功夫深，铁杵磨成针</u>'，李工程师虽然不是特别聪明，可是他努力、刻苦，经过长时期的勤奋工作，他的研究终于成功了！"句中划线的引言也可以略去不看。

练习

下列句子，哪些词语或成分可以略去不看，请在下面划线

1. 他吃了不少胃药，胃乃安啦、胃仙U片啦、三九胃泰啦、胃动力啦、

雷尼替丁啦，可是都治不好他的病。
2. 现在，国产洗衣机牌子很多，如无锡的小天鹅、中山的威力、青岛的海尔、顺德的爱德、广州的高宝等等，顾客可以随意选择。
3. 衣柜里挂着各式各样的衣服，有男式的、有女式的，有夏天的、有冬天的，有长的、有短的，有鲜艳的、有素淡的……
4. 王小红学习非常努力，星期六、星期天也不休息，"功夫不负有心人"，她终于考上了大学。
5. 在吴立平的眼里，娜娜是那么美，连那双不大的眼睛，他也觉得特别明亮，真是"情人眼里出西施"啊！
6. 亮亮吃完了巧克力，却对妈妈说："盒子里的巧克力不是我吃掉的。"真是"此地无银三百两"。

阅读下面的句子，然后用一个词或一个词组回答问题

1. 广州的春天讨厌极了，阴雨绵绵、阳光不足、空气潮湿、忽冷忽热，人也没有精神。
   广州的春天怎么样？
2. 中山大学出版社最近出版的《中国文化大略》，内容丰富、通俗易懂、图文并茂、印刷精美，特别适合想了解中国文化的外国朋友阅读。
   这段文字介绍什么？
3. 在北京，他游览了故宫、长城、十三陵、天坛、颐和园、圆明园、北海等名胜古迹。
   他游览了什么？
4. 广州百货大厦卖服装、家用电器、文化用品、皮具、玩具、日用品、食品等各种商品。
   广州百货大厦卖什么？
5. 你的孩子老是打架，还偷东西，你真应该好好教育教育他，"养不教，父之过"。
   说话人劝他做什么？
6. 林梅觉得李苗苗穿的那条白裙子非常好看，也去买了一条，可是穿在她身上却一点儿也不好看，我们都说她是"东施效颦"。

林梅穿那条裙子怎么样？

二、阅读训练

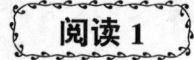

食物营养之最

填 空

1. 含植物蛋白最多的食物是_____。
2. _____含丰富的维生素A。
3. 缺钙的人应该多吃_____。
4. 缺铁的人应该多吃_____。

  以100克为标准：
  含植物蛋白最多的是黄豆——36.3克；
  含蛋白质最多的动物性食物是鸡肉——23.2克；
  含维生素A最多的食品是鸡肝——5万单位；
  含维生素B_1最多的食品是花生米——1.03毫克；
  含维生素B_2最多的食品是羊肝——3.57毫克；
  含维生素C最多的食品是鲜枣——380毫克；
  含钙最多的食品是虾皮——2克；
  含铁最多的食品是黑木耳——185毫克；
  含脂肪最多的食品是芝麻——61.7克；
  含磷最多的菌藻类食品是紫菜——457毫克。

（《生活时报》1997年2月15日 曹宝鑫文）

生 词

含 hán （动） contain 包括在内：这种梨～水分很多。
维生素 wéishēngsù （名） vitamin 人和动物营养、生长所必需的某些少量有机化合物，对机体的新陈代谢、生长、发育、健康有极重要的作用。
钙 gài （名） calcium 金属元素，符号Ca。

> 阅读 2

化纤的危害

现在人们穿的服装大多是化纤原料做成的,化纤已经代替了千百年来一直用做服装原料的棉布,成为主要的服装原料。应该说,化纤做成的服装,有不皱、耐穿、暖和、易洗、易干等许多优点。但要注意的是,如果穿着不当,对健康带来的危害也是严重的。化纤服装吸湿率差,其中丙纶和氯纶在标准状态下吸湿率差不多等于零,腈纶的吸湿率也只有棉布的18%。这样,穿化纤服装不仅不能使汗水通过织物排出体外,而且还会使随汗水排出的各种物质慢慢积聚,伤害皮肤。此外,氯纶等还有微量的α射线和β射线,这些对人体都有害。如果用化纤做内衣、内裤就更不合适了:一些妇女长期穿尼龙内裤,引起尿道综合症、皮炎、湿疹等;涤纶内衣对健康同样不利,特别是发生烧伤时,如果穿涤纶内衣,由于熔点低,熔化物容易侵入肌体,所以会引起肌体细胞炭化,还会给抢救带来困难。

(根据《知识就是力量》1996年第5期文章改写)

判断正误

( )1. 现在很多人穿化纤做成的衣服。
( )2. 化纤服装一点儿优点都没有。
( )3. 化纤服装吸汗的能力非常差。
( )4. 氯纶的射线对健康有好处。
( )5. 穿化纤做的内衣、内裤对健康有害处。

生　词

化纤　huàxiān　(名)　chemical fibre　化学纤维的简称。用高分子化合物为原料制成的纤维。
皱　zhòu　(动)　wrinkle;crease　物体表面上因收缩或揉弄变得凹凸不平。
吸湿　xīshī　moisture absorption　吸收水分。
率　lǜ　(名)　rate　两个相关的数在一定条件下的比值。
积聚　jījù　(动)　gather;accumulate　事物逐渐聚集。
射线　shèxiàn　(名)　ray　波长较短的电磁波。

尼龙　nílóng　（名）　nylon　一种化学纤维。
熔点　róngdiǎn　（名）　melting point　固体开始熔化为液体时的温度。

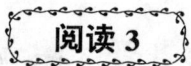

生活方式引起都市病

　　随着都市的发展，人们的生活习惯发生了很大的变化。与此同时，现代生活方式也在悄悄危害着都市人的健康。

　　现代人的食品越吃越精，纤维素长期吃得不够，引起便秘、头痛、痔疮、糖尿病、高血压、冠心病、血管硬化、肿瘤等发病率直线上升。

　　近年来流行吃补品，商店里到处在卖鳖精、鸡精、高丽参、西洋参、燕窝、虫草。其实，专家们认为，一个人是不是健康和长寿，取决于身体有无疾病和平时的锻炼与饮食。补品只对体质虚弱者有用，一般人不应多吃。

　　电视已成为现代人消闲的重要工具之一，可是长时间地看电视会令人头昏脑胀、饮食规律混乱，引起近视和肥胖。

　　公交车、自行车、出租车为都市人节省了不少时间，但长期以车代步危害不小。有医生用心电图对坐汽车上班和步行20分钟以上时间上班的人进行测试，发现步行组心电图"缺血性异常"的发生率比坐车组少1/3。

　　夜生活的发展使人们成为"夜猫子"。经常睡眠不足，会引起耳鸣、内脏功能衰弱等病症。

　　看来现代人在享受人类文明的同时，也得从生活方式的误区中走出来，才能让自己活得更健康。

（根据《现代家庭》1997年第1期文章改写）

压缩下列两个句子，在可以略去不读部分划线

1. 现代人的食品越吃越精，纤维素长期吃得不够，引起便秘、头痛、痔疮、糖尿病、高血压、冠心病、血管硬化、肿瘤等发病率直线上升。
2. 近年来流行吃补品，商店里到处在卖鳖精、鸡精、高丽参、西洋参、燕窝、虫草。

判断正误

(   )1. 现代人的很多疾病跟现代生活方式有关系。
(   )2. 饮食越精越好。
(   )3. 医学专家劝人们多吃补品。
(   )4. 长时间看电视影响身体健康。
(   )5. 走路对身体有好处。
(   )6. 文章劝人们要有科学的生活方式。

生　词

引起　yǐnqǐ　（动）　lead to; cause　一种事情、现象、活动使另一种事情、现象、活动出现：～注意。
危害　wēihài　（动）　harm; endanger　使受破坏；损害：～身体。
补品　bǔpǐn　（名）　tonic　滋补身体的食品或药品。
虚弱　xūruò　（形）　weak; in poor health　身体不结实。

阅读 4

第一个吃西红柿的人

西红柿最早生长在南美洲，16世纪以前的印第安人把它看做是有剧毒的植物，叫它狼桃。

一位名叫俄罗达拉里的英国公爵，在南美洲看到狼桃那枝叶繁茂、色彩鲜艳的果子十分迷人，就挖了几棵带回英国，并把它们当做珍贵的礼物献给了伊丽莎白女王。从此，狼桃开始在英国种植起来，并传到欧洲其他一些国家。每当狼桃开花结果的时候，观赏者络绎不绝，但是谁也不敢上前去摸它，怕中毒。

公元18世纪，一位法国画家专心地画几棵狼桃。画着画着，不知不觉顺手摘了一个狼桃放进嘴里吃了起来，甜丝丝、酸溜溜十分好吃，当他突然意识到吃的是狼桃时，几个果子早已到了肚里。

画家吓坏了，他知道吃了狼桃会死，就急忙跑回家，写好了遗书，穿上最好的衣服，静静地躺在床上等死。时间一个小时一个小时过去了，他没有感到一点儿不舒服，只是觉得很饿。一天过去了，饿得实在难受，他就跑到饭馆大吃了一顿。三天过去了,一周过去了,画家还健康地活着。从此,狼桃再也不可怕了。人们争着吃,它很快就成为人们喜爱的营养丰富的食品。

(根据《广东商报》1997年2月文章改写)

选择正确答案

1. 从前印第安人把西红柿叫做狼桃,是因为他们认为西红柿:
   A. 长得像狼　　B. 毒性像狼　　C. 狼喜欢吃　　D. 是狼种的
2. 那位英国公爵把西红柿带回英国,是因为他觉得西红柿:
   A. 好看　　B. 好吃　　C. 好玩　　D. 很贵
3. 最先吃西红柿的人是:
   A. 印第安人　　B. 俄罗达拉里　　C. 伊丽莎白女王　　D. 一位法国画家
4. 他吃了西红柿以后怎么样?
   A. 病了　　B. 死了　　C. 胖了　　D. 很健康
5. 人们什么时候开始敢吃西红柿?
   A. 英国公爵把西红柿带回英国以后　　B. 法国画家吃西红柿以后
   C. 伊丽莎白女王死了以后　　　　　　D. 欧洲人到了美洲以后

生　词

毒　dú　（名）　poison;toxin　进入有机体后能跟有机体起化学变化、破坏体内组织和生理机能的物质:病～。

公爵　gōngjué　（名）　duke　封建五等爵位的第一等。

中毒　zhòngdú　（动）　poisoned;toxicosis　指人或动物由于毒物进入体内而发生组织破坏或死亡等现象。

不知不觉　bùzhībùjué　自己不知道自己在做什么。

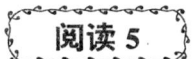

李时珍著《本草纲目》

明代李时珍年轻时，父亲叫他参加科举考试，希望他金榜题名，可是李时珍不喜欢当官，却喜爱医学。他向父亲表示要行医的不可动摇的决心，说："身如逆流船，心比铁石坚。望父全儿志，至死不怕难。"父亲只好同意。

行医不久，由于李时珍医术高明，被请去"太医院"当医生。可是他看不惯达官贵人们做的事情，就毅然回乡行医。行医中，他发现以前的本草书对有些药物的性状、作用的介绍不清楚，而且有不少错误。他想，这将会造成多么可怕的后果！于是，他决心修改本草书。

他亲自到高山野地去考察，走了上万里路，采集了大量药物标本；他虚心请教民众，收集民间治病方法；他还阅读医药典籍800多种。在此基础上，他用了27年时间，写成书稿52卷190万字。后来又用了10年时间修改了3次，终于完成了《本草纲目》。书中收集药目1892种，药方11096个，附有动植物图1110幅。

《本草纲目》写成以后，产生了深远的影响，中国明清的医生都要学习它、研究它。就是在今天，它也还有非常重要的参考价值。《本草纲目》还被译成多种外文，在国外也产生了影响。

（根据《百科知识》1996年6月文章改写）

压缩下面这句话，在可以略去不读部分划线

他向父亲表示要行医的不可动摇的决心，说："身如逆流船，心比铁石坚。望父全儿志,至死不怕难。"父亲只好同意。

选择正确答案

1. 第一段"不可动摇"是什么意思?
   A. 非常坚定　　B. 不太坚定　　C. 可以动一下　　D. 可以摇一下
2. 李时珍为什么被请去"太医院"当医生?
   A. 因为他长得好看　　　　B. 因为他写了《本草纲目》
   C. 因为他治病水平高　　　D. 因为他认识"太医院"的人
3. 李时珍写《本草纲目》,不用做下面哪个工作?
   A. 采集药物标本　　B. 收集治病方法
   C. 阅读医药典籍　　D. 给当官的送礼物
4. 下面哪个不是《本草纲目》的内容?
   A. 打针方法　　B. 动植物图　　C. 药目　　D. 药方

生　词

科举　kējǔ　(名)　imperial examinations　从隋唐到清代的封建王朝用科考选文武官吏后备人员的制度。
金榜　jīnbǎng　(名)　科举时代写有考取的人的名字的纸。
毅然　yìrán　(形)　resolutely;firmly　坚决地;毫不犹豫地。
性状　xìngzhuàng　(名)　shape and properties　性质和形状。
典籍　diǎnjí　(名)　指古代图书。

第二十三课

一、技　能

句子理解之二：抽取主干（一）

前两课我们介绍了理解句子的第一个技能——压缩句子，本课介绍理解句子的第二个技能——抽取主干。

造成句子长、难的一个重要原因是句子的附加成分定语、状语、补语复杂，对这类句子，我们只要找出句子的主干，即主语、谓语、宾语，句子的意思就比较容易理解了。比如："我的那位在中山医科大学第二附属医院当儿科医生的好朋友林佳昨天晚上在天河体育馆听了她最喜欢的香港歌唱演员张学友的演唱会。"找出句子的主干"林佳听演唱会"以后，句子的意思就不难理解了。

句子附加成分复杂主要有下面三种情况：一是有复杂的定语；二是有复杂的状语；三是同时有复杂的定语和状语。本课我们先分析第一种情况，下两课分析第二、第三种情况。

定语是主语、宾语前的修饰、限制成分。比如："王阿姨那位前两年从复旦大学毕业、现在在上海一家公司工作的女儿回来了。"主语"女儿"前都是限制成分，句子的主干是"女儿回来了"。又比如："张丽丽很喜欢我上星期天去北京路逛街时在新大新公司花了三百多块钱买的那条蓝底白花的连衣裙。"宾语"连衣裙"前的限制成分很长，主干是"张丽丽喜欢连衣裙"。再比如："在中山大学对外汉语教学中心学习的留学生，特别喜欢课上得很有意思、常向同学们了解学习生活情况、帮助同学们解决各种问题的陈老师。"主语"留学生"和宾语"陈老师"前都有较复杂的定语，句子的主干是"留学生喜欢陈老师"。这些有复杂定语的句子，找出了句子的主干主谓宾，就比较容易理解了。

练习

找出下列句子的主干

1. 站着说话的那位戴眼镜的女士就是我们的班主任。

2. 售货员是一个圆圆脸儿、大眼睛、长头发、声音甜美、热情待客的年轻姑娘。
3. 正在深圳视察工作的中共中央总书记江泽民听取了深圳市主要领导同志的汇报。
4. 我的一位在南京工作的姐姐前几天给我的孩子寄来了一件她亲手打的浅蓝色的毛衣。
5. 上个月我买了一台青岛海尔电器集团公司生产的、被评为全国优质产品的海尔牌洗衣机。
6. 十几年前我上小学时和同学们一起在操场旁边种的那棵小树,现在已经长成二十多米高的大树了。
7. 住在308号房的那位漂亮的英国姑娘安娜今天背了一个她去云南西双版纳旅行时买的绣花蓝布包。
8. 李平昨天晚上从北京路的新华书店买回来的那本中文小说特别有意思。
9. 我那位在四川大学计算机系读三年级的弟弟很爱听中国著名相声演员牛群和冯巩表演的相声。

按要求给下列句子加上定语

1. _____巧克力很好吃。
2. _____孩子特别聪明。
3. _____阿里回国了。
4. 张明爱_____姑娘。
5. 李一凡买_____录音机。
6. 妹妹穿_____裙子。

二、阅读训练

阅读 1

1996年第7期《读者》目录

在杂志目录中寻找需要阅读的部分

1. 你想读读诗歌，看第____页。
2. 你想了解巴顿的人生，看第____页。
3. 你想了解故宫的情况，看第____页。
4. 你想看余秋雨的作品，看第____页。
5. 你想看幽默方面的作品，看第____页。

栏目	篇名	作者	页码
·文　　苑·	三时，三十年	戴小华	2
	诗二首	张敏华　张奇斌	3
	感悟	忐忑　刘墉	6
	贫穷与富有	徐新华	7
	童心		32
·人　　物·	巴顿最后的岁月	江永红	4
·在 国 外·	美国总统趣谈	吴玲瑶	14
·名人轶事·	数学家轶事	于旭东辑	10
·知 识 窗·	风霜雨雪总关人	易嘉	22
	犹太人的"宇宙法则"	玉山	11
	趣味数学	谈祥柏	21
	故宫里的为什么	周志	38
·两代之间·	父爱	贺爱民	45
·书　　摘·	顺境逆境均造英雄	郑也夫	18
·人 世 间·	两件毛衣	王玲玲	34
·用人之道·	用人当知人短长	王通讯	36
·哲理故事·	天堂何在	乔叶	7
	难回平常	莫小米	7
·历史故事·	施氏与孟氏	邓东滨	46
	洪武试臣	马伯贤	46
·趣闻轶事·	棋中三昧	文敏	16
·历史一页·	阿灵顿公墓的喧嚣与寂静	辛荆	12
·幽默小品·	吻公主	汉斯·里鲍	20
	冤鬼侍者	皮尔特	20
·真实故事·	圣洁的背影	浪一	8
·经营之道·	事半功倍	居悉	33
·生活之友·	身后意识	杨继红	47
	盲妇指路	林春燕	45
·动物世界·	狮子和小狗	李桂森	32
·体育之窗·	绿茵场上话"世仇"	朱封金	42
·杂谈随感·	不同的体验	钟建新	14
	人间百态	尤今	15
	老爸语录	徐静静	40
·人生之旅·	在太平洋上空赌一把	俞丽清	28
	三十年的重量	余秋雨	25
	寻找	劳拉·里查德	37
·婚姻家庭·	生活小趣ABC	李国安　凡子	24
	妻子临产	黄宁斌	44
·点　　滴·	错失良机(6) 漫画与幽默(26、27)		
	终要有一盏灯(44) 幽默足球(43)		
	意林(41) 人与人(17) 天南地北(35)		
·编读往来·	读刊琐记	仝晓思	48
·封　　面·	瞬间	（摄影）	

（选自《读者》1996年第7期）

> 阅读 2

根据下面的广告填空

《经济快报》招聘英才

1. 《经济快报》需要_____个编辑。
2. 应聘记者的人年龄应在_____岁以下。
3. 《经济快报》要招聘最多的人是_____。
4. 应聘的人去面试时应带_____。
5. 《经济快报》地址在_____。
6. 应聘的人可以打电话_____联系。

　　经上级批准,国内外公开发行的大型经济类日报《经济快报》现向全国招聘报业英才。

　　一、副总编辑:1名,男性,45岁以下,大学文化以上,有丰富办报经验。

　　二、编辑:5名。要求:大学文化,35岁以下,从事新闻工作3年以上。

　　三、记者:10名。要求:大学文化,32岁以下,每月能独立采写报道2.5万字以上。经济记者更受欢迎。

　　四、广告员:20名,大专以上文化,35岁以下。

　　五、司机:6名,熟悉广东公路情况,3年以上驾驶经验。

　　六、打字员:5名,中专以上文化,1年以上工作经验。

　　应聘者请于一星期内带有关证件,到本报面试。

　　地址:广州市广州大道中289号《经济快报》社。联系人:王小姐。

　　联系电话:(020)87373979　　传真:(020)87374405

(根据《南方日报》1997年5月23日广告改编)

生　词

编辑　biānjí　（名）　editor; compiler　对资料或现成的作品进行整理、加工工作的人。
应聘　yìngpìn　（动）　看了招聘广告以后想去得到某个工作。

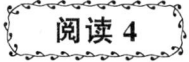

荷兰人怎么样才能种上美丽的郁金香

荷兰是个地势很低的国家,它有1/4的土地低于海平面,就好像是停泊在海中的一艘半沉半浮的特大船只。荷兰的国土有不少是围海得来的,所以俗话说:"上帝造人,荷兰人造陆地。"千百年来,荷兰人用自己的双手建造了一块块新的陆地。依靠着建堤、风车抽水,人们在地势很低的土地上种上了美丽芳香的郁金香。由于荷兰地少人多,所以房屋非常紧张。于是,在鹿特丹、阿姆斯特丹市的不少运河边上,停泊着一艘艘船屋,人们就住在里面,他们可说是水上之国中的水上人家。

(根据《百科知识》1996年第5期文章改写)

回答问题

1. 为什么把荷兰叫做"水上之国"?
2. 荷兰人为什么要围海造陆地?
3. 荷兰的风车有什么作用?
4. 荷兰为什么有那么多船屋?

生　词

停泊　tíngbó　(动)　anchor;berch　船只停靠:码头上着很多船。
陆地　lùdì　(名)　dry land　地球表面除去海洋的部分。
风车　fēngchē　(名)　windmill;windower　利用风力的动力机械装置,可以用来发电、抽水、榨油等。

阅读 4

两岁女孩升上天

在中国东南部的一个海滨城市,发生了一件稀罕的事儿。一天,一个名叫李婷婷的两岁小女孩,迈着蹒跚的步子,走到卖玩具气球的老人身旁。老人看到小婷婷十分可爱,就把没卖光的几个气球送给了她,并把气球拴在她身上。没想到,老人刚一松手,小婷婷就升上了天空,不一

会儿就升到离地面五十米的高空,又飘飘悠悠地向大海方向飘去。

　　卖气球的老人吓坏了,周围的人也全都惊呆了。对这突然发生的意外,人人都不知道该怎么办。这时,正好有一艘载着游客的小汽艇经过这里,其中有个游客带着汽枪,他立刻举枪瞄准小婷婷身上的气球,这一枪打得很准,一只气球破了。但是,小婷婷还是被气球拖着飘移。人们急得直跳。"当",又是一枪,又一只气球被打破了,小婷婷这才慢慢地下落。不一会儿,小婷婷落在离海边十一米的海里,汽艇上的人急忙把小婷婷救了起来,结束了这场惊险的气球旅行。

(根据《故事》1997年第2期文章改编)

找出下面这个句子的主干

　　一个名叫李婷婷的小女孩,迈着蹒跚的步子,走到卖玩具气球的老人身旁。

选择正确答案

1. 第一段"拴"是什么意思?
   A. 手的一个动作　B. 脚的一个动作　C. 嘴的一个动作　D. 眼的一个动作
2. 谁把气球拴在小婷婷身上?
   A. 婷婷的父亲　　B. 婷婷的母亲　　C. 卖气球的老人　　D. 汽艇上的游客

3. 第二段"意外"是什么意思？
   A. 有意思的事儿　　　　B. 没有意思的事儿
   C. 没想到的不幸的事儿　D. 没想到的高兴的事儿
4. 第二段"汽艇"是什么意思？
   A. 一种车　　B. 一种船　　C. 一种鱼　　D. 一种飞机
5. 气球拴到婷婷身上以后，发生了什么事儿？
   A. 婷婷掉到海里　B. 婷婷升上了天　C. 婷婷摔倒了　D. 婷婷死了
6. 后来，婷婷落到什么地方？
   A. 海里　　B. 河里　　C. 海边　　D. 汽艇
7. 谁救了婷婷？
   A. 婷婷的父亲　B. 婷婷的母亲　C. 卖气球的老人　D. 汽艇上的游客

生　词

稀罕　xīhan　（形）　很少发生的、少见的、奇怪的。也作"希罕"。
蹒跚　pánshān　（形）　walk haltingly; limp　腿脚不灵便，走路慢、摇摆的样子。
惊险　jīngxiǎn　（形）　highly risky; breathtaking　场面、情景危险，使人惊奇紧张。

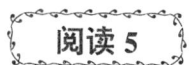

阅读 5

宴请朋友的方法

　　私人宴请不一定要大吃大喝，更多时候只是朋友们坐在一起说说话，这样的宴请在家里搞既清静又方便。要使宴会有气氛，一定要预先制定"节目单"，其中应包括如下几个内容：宴请的人数和名单；饭菜、饮料；花饰、布置；餐具等。

　　为了活跃宴会的气氛，宴请的客人最好男女都有。在决定请谁时，最重要的是客人的性格要不一样，不能全请性格活泼的人，也不能全请性格内向的人。安排坐位时，男宾和女宾、爱说话的人和不爱说话的人要搭配好，不能让不爱说话的人坐在一起。

　　准备宴会的饭菜是一件麻烦的事儿，你可以在饭店买一些做好的熟菜，这样可以省去不少工夫。客人主要不是来品尝你的饭菜，所以，重要的是要在气氛上大做文章。烘托气氛的要点在于光线和音乐。光线太暗，倒酒、吃菜不方便；光线要亮一点儿，但不要亮到可以看书的程度。吃过饭以后,可以关了灯点上蜡烛。当大家都在谈话时,要播放没有歌词的轻音乐,显出主人的细心周到。桌子上插一束鲜花,可使客人心情愉快。

宴请的目的是聚会交谈、联络感情,而不是把人灌醉,因此,不要喝太多酒。主人应该选择大家都能参与的话题交谈,使整个宴会轻松愉快。

(根据《浙江经济报》1996年4月4日文章改写)

选择正确答案

1. 在决定宴请的客人时,应该怎么样?
   A. 请不同性格的人　　B. 只请性格活泼的人
   C. 只请性格内向的人　D. 只请漂亮英俊的人
2. 宴请朋友时,什么最重要?
   A. 饭菜　　B. 酒水　　C. 气氛　　D. 鲜花
3. 文章没有谈到哪个问题?
   A. 宴请的人数　　B. 宴请的地方　　C. 宴请的饭菜　　D. 宴请的费用
4. 第三段"大做文章"是什么意思?
   A. 多想多做　　B. 少想少做　　C. 写长文章　　D. 写短文章
5. 下面哪个句子不对?
   A. 宴请的客人最好有男有女　　B. 客人聊天时应该播放轻音乐
   C. 宴请时一定要准备很多好吃的东西　　D. 在家里宴请既安静又方便

生　词

宴请　yànqǐng　(动)　entertain to dinner　用酒饭招待:～客人。
内向　nèixiàng　(形)　intro version　性格、思想感情等深沉、不外露:小王性格～。
烘托　hōngtuō　(动)　set off by contrast;throw into sharp relief　陪衬,使明显突出。

第二十四课

一、技　　能

句子理解之二：抽取主干（二）

　　第二十三课我们介绍了理解句子的第二种技能——抽取主干，分析了第一种情况，本课我们来分析第二种情况——句子有复杂的状语。

　　状语是谓语前或句子前的修饰限制成分。句子有复杂的状语，是造成句子长、难的一个原因。比如："李梅在美国留学了三年以后，于1997年3月跟几位一起在美国留学的朋友回到了祖国。"谓语"回到"前的限制成分较复杂，句子的主干是"李梅回到祖国"。再比如："为了能考上一个好大学好专业，让辛辛苦苦养育自己的爸爸妈妈高兴，杨阳最近几个月白天黑夜都非常努力地复习功课。"主语"杨阳"前和谓语"复习"前都有状语，句子的主干是"杨阳复习功课"。有复杂状语的句子，找出了句子的主干，就不难理解了。

练习

找出下列句子的主干

1. 在西藏旅游时，林晶为她体弱多病的妈妈买了一些西藏有名的中药冬虫夏草。
2. 星期天晚上，我和我女朋友在广州友谊剧院观看了中央芭蕾舞剧团演出的芭蕾舞剧《天鹅湖》。
3. 李芳生日那天，她的七八位好朋友在校园的草地上为她开了一个别开生面、热热闹闹的生日晚会。
4. 中华人民共和国国务院总理李鹏在对俄罗斯进行了五天的国事访问以后，于1997年4月26日乘专机回到北京。
5. 老王每天晚上吃完晚饭以后，都要看看中央电视台七点钟播出的半个小时的《新闻联播》节目。

6. 根据有近三十年教学经验的张老师的意见,年轻教师方英修改了她的选修课《中国文字学》的教学计划。

按要求给下列句子加上状语

1. 林月_____写了一封信。
2. 我_____打了一个电话。
3. 奶奶_____种菜。
4. _____,邓云_____毕业。
5. _____,安娜_____来到中国学汉语。
6. _____,钟建国_____举行婚礼。

二、阅读训练

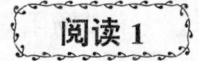

中国一日知多少

填　空

1. 中国人一天要吃_____公斤粮食。
2. 中国人一天要买6万台_____。
3. 中国人一天要用_____元人民币。
4. 中国每天建好_____米^{2}住房。
5. 中国每天有_____册杂志出版。

每天,中国人要消费6000万公斤猪肉、1000多万公斤食油和7.5亿公斤粮食。

每天,中国人买下6万台电视机、12万只手表,城乡开通电话1万多门,销售绸缎200多万米。

中国人每天的消费总数超过90亿元人民币,存入银行的还有8.8亿元人民币。每天城镇新增加住房79万米^2,农村新增加住房156万米^2。各种交通运输工具运送旅客1800多万人次。

中国平均每天有600万册杂志出版,邮寄信件1500多万份,发行报纸 500 多万份。

(根据《海南日报》1997 年 1 月 11 日文章改写)

生　词

绸缎　chóuduàn　（名）　silk and satin　绸子和缎子，做衣服、被子等的料子。

阅读 2

海鸟是怎样发现食物的

辽阔的大海上，碧波粼粼，天空中，一群海鸟展翅高飞。突然，它们一齐扑向海面，争先恐后地大吃起来。

那么，这些海鸟是怎样发现食物的呢？据美国加利福尼亚大学的一些学者发现，海鸟是嗅到食物的气味才聚到海面上来的。它们对浮游生物发出的硫化物味有一种特殊的嗅觉。

说来很有意思，海鸟的这一特殊本领是人们在无意中发现的。据说几个学者在进行其他调查时，把一些硫化物散布到空中，那些海鸟便聚到落在海面上的硫化物上面。原来，这些硫化物的气味跟那些植物性浮游生物被动物性浮游生物吃掉时产生的气味相同。

动物性浮游生物不仅是海鸟喜欢的食物，也是各种鱼类的上等食品。因此，海鸟靠着它那能嗅出浮游生物的气味的本能，在"闻味而聚"之后，不仅可以饱餐一顿浮游生物，而且还可能吃到前来吃浮游生物的各种鱼类，真是一举两得。

(根据《知识就是力量》1996 年第 2 期文章改写)

判断正误

(　)1. 海鸟是靠嗅到食物的气味来发现食物的。
(　)2. 硫化物的味道和动物性浮游生物的气味相同。
(　)3. 学者们进行了长时间的大量研究，终于弄清楚海鸟是怎样发现食物的。
(　)4. 海鸟只吃动物性浮游生物，不吃鱼类。

生　词

嗅　xiù　（动）　smell; scent　用鼻子辨别气味；闻：小狗在他腿上～来～去。
聚　jù　（动）　assemble; get together　集中在一起：大家～在一起商量商量。
浮游生物　fúyóushēngwù　（名）　plankton　生活在海里或湖里、行动能力微弱、全受水流支配并且身体较小的动物或植物，如水母、藻类。
硫化物　liúhuàwù　（名）　sulphide　一种物质。

阅读 3

"第七营养素"

我们知道，蛋白质、脂肪、碳水化合物、矿物质、水与维生素是人体必需的六大营养素。现代科学证明，纤维素也是人体必需的营养素之一。因此，我们把纤维素称为"第七营养素"。

纤维素既不溶于水，又不溶于乙醇等一般溶剂。人们从食物中得到的纤维素也不容易消化、吸收。正是这个特点，纤维素可帮助人们带走人体内的有害物质。食用一定量纤维素后，纤维素进入小肠，把脂肪、胆固醇等挤走，使小肠尽量少吸收脂肪与胆固醇，使得大便通畅。经常食用纤维素多的食物，对糖尿病、肥胖症也有治疗的作用。豆科植物，如青豆、小扁豆等，还有土豆、玉米、青菜与水果，都含有比较丰富的纤维素。为了身体健康，请不要忘了经常食用"第七营养素"——纤维素。我们提倡营养均衡，就是说要"荤素搭配、粗细搭配"，其中"素"与"粗"指的就是纤维素。如果太"食不厌精"，那不是科学的饮食方法。

（根据《知识就是力量》1996 年第 2 期文章改写）

填　空

1. "第七营养素"是指_____。
2. 纤维素的特点是不容易被人体_____。
3. 纤维素能带走人体内的_____。
4. 为了得到丰富的纤维素，可以吃_____、_____、_____等食物。

生　词

营养素　yíngyǎngsù　（名）　nutrient　食物中具有养分的物质。
溶　　　róng　　　（动）　dissolve　一种物质均匀分布在另一种物质中成为溶液：盐～于水。
消化　　xiāohuà　（动）　digest　食物在人或动物体内，经过物理和化学作用而变成能够溶解于水并可以被机体吸收的养料。
均衡　　jūnhéng　（形）　balanced；proportionate　平衡。
食不厌精　shíbùyànjīng　喜欢吃精美的东西。

 阅读 4

马兰和余秋雨

一部家喻户晓的电视剧《严凤英》，使安徽省黄梅戏剧院演员马兰成为中国三百多个地方戏曲剧种中光彩夺目的人物。马兰本人现在担任安徽省黄梅戏剧院副院长。

从小就爱唱"树上的鸟儿成双对，夫妻双双把家还"的马兰，与辞去上海戏剧学院院长职务的余秋雨教授结为了夫妻。他们的爱情是从马兰到上海的一次演出开始的。演出结束以后开座谈会，余秋雨称赞说："像马兰这样的演员，上海还真找不出来。"马兰说当时她只知道余秋雨是位非常有名的专家，总以为余秋雨是个满头白发、一身学究气的老夫子，后来一见面竟被他的年轻吓了一跳。说起余秋雨，马兰一脸幸福："就是那次座谈会播下了爱情的种子，我们互相欣赏。他很有才华，做起学问来很怪，写得快极了，他热爱生活。"马兰还说余秋雨特别爱旅游，有时他看上去在玩，其实他从没停止思考，他善于观察生活，所见所闻都成为他的生活积累。

马兰很崇敬余秋雨，她曾对余秋雨说过这样一句话："今生今世我如果不能做你的妻子，我的生活便没有了意义。"

现在，虽然他们夫妻俩一个在上海，一个在合肥，日子却过得非常开心。

（根据《新华日报》1997年1月17日文章改写）

找出下面两个句子的主干

1. 一部家喻户晓的电视剧《严凤英》,使安徽省黄梅戏剧院演员马兰成为中国三百多个地方戏曲剧种中光彩夺目的人物。
2. 从小就爱唱"树上的鸟儿成双对,夫妻双双把家还"的马兰,与辞去上海戏剧学院院长职务的余秋雨教授结为了夫妻。

选择正确答案

1. 马兰是什么人?
   A. 有名的大学教授　　B. 有名的黄梅戏演员
   C. 戏剧学院院长　　　D. 严凤英的亲戚
2. 余秋雨是什么人?
   A. 有名的大学教授　　B. 有名的黄梅戏演员
   C. 黄梅戏剧院院长　　D. 严凤英的亲戚
3. 余秋雨觉得马兰的表演怎么样?
   A. 不好　　B. 一般　　C. 比较好　　D. 非常好
4. 现在余秋雨和马兰是什么关系?
   A. 朋友　　B. 师生　　C. 情人　　D. 夫妻
5. 下面哪句话是对的?
   A. 余秋雨和马兰从小就认识　　B. 余秋雨和马兰一起住在上海
   C. 马兰对余秋雨非常满意　　　D. 余秋雨每天都在家里写文章

生　词

辞　cí　(动)　resign　要求不干某工作。
学究　xuéjiū　(名)　pedant　指迂腐的读书人。

阅读 5

请热爱你的工作

如果你从事的工作是你不喜欢的,可能对你造成压力,长期这样会使你感到疲惫不堪,还容易得病。专家们的研究表明,长期在高度压力下工作的人,有一半可能会经常头疼、感冒、消化不良、患支气管炎和肺炎。有一种人一上班就出现头疼、背痛、胃痛的症状，一到周末这些症状就奇迹般地消失了，但是星期一上班后，这些症状又重新出现。专家们发现，那些从事自己所不喜欢的工作的人，比起那些从事自己所喜爱的职业的人，得结肠癌与直肠癌的人要多五倍。

　　如果你从事的是你所不喜欢的工作，又不能调换或辞职不干，那该怎么办呢？专家们认为，应想办法使你的工作变得有挑战性和多样性，也就是说变得有意思，这往往不在工作本身，而在于自己怎么看待和处理工作。一个人，只要能把平凡的工作看成一种荣誉，那么工作就不会成为负担。

(根据《知识就是力量》1996年第6期文章改写)

选择正确答案

1. 第一段"疲惫不堪"是什么意思？
　　A. 非常累　　B. 不累　　C. 很舒服　　D. 很安全
2. 做自己不喜欢的工作，对身体有什么影响？
　　A. 对身体有好处　B. 对身体有害处　C. 对身体没影响　D. 使人变得年轻
3. 如果你做的是自己不喜欢的工作，又不能换工作，应该怎么办？
　　A. 不做工作　　　　B. 少做点儿工作
　　C. 跟领导做朋友　　D. 想办法使工作变得有意思

4. 下面哪句话不对？

　　A. 有些不喜欢自己工作的人上班时身体不舒服

　　B. 喜欢自己工作的人不像不喜欢自己工作的人容易得病

　　C. 喜欢自己工作的人比不喜欢自己工作的人容易得病

　　D. 文章劝人们喜欢自己的工作

生　词

压力　yālì　（名）　pressure　这里比喻人承受的负担。
奇迹　qíjì　（名）　miracle；wonder　想像不到的不平凡的事情。

第二十五课

一、技　　能

句子理解之二：抽取主干（三）

第二十三课我们介绍了理解句子的第二种技能——抽取主干。本课分析第三种情况——句子同时有复杂的定语和状语。

当句子同时有复杂的定语和状语的时候，句子就更长更复杂了。比如："1996年春节，十一岁就跟着叔叔离开家乡、在美国生活了五十多年的老华侨周先生，带着妻子和两个儿子，又一次回到了常常出现在梦中的家乡台山。"主语"周先生"、宾语"台山"前都有定语，谓语"回"前和句前又都有状语，附加成分复杂，找出了句子的主干"周先生回台山"以后，句子就比较容易理解了。

练习

找出下列句子的主干

1. 昨天晚上八点到十点，中文系研究中国古典文学的王天起教授在文科大楼308大教室做了一个关于清代著名小说《红楼梦》的学术报告。
2. 去年夏天，我刚结婚不久的妹妹在北京路的广州百货大厦买了一台广东顺德科龙电器集团公司生产的、被评为全国优质产品的科龙空调。
3. 放在宿舍楼前边的自行车棚里的那辆浅紫色女式自行车，是我同屋邓青的。
4. 清华大学刘天明老师编的介绍一般电脑知识和使用方法的科学普及读物《电脑入门》，受到广大读者，特别是文化水平不高的读者的欢迎。
5. 1997年2月19日，中国人民的伟大儿子、党和国家卓越的领导人、带领亿万中国人民走上富裕之路的改革开放总设计师邓小平,因病在北京逝世。

6. 张文的姐姐在上海最热闹的商业街南京路开的那家专卖女士服装的小店,每个月可以赚几万块钱。

扩展下列句子

例:何小华做菜——除夕晚上,何小华在家里做了满满一桌子好看又好吃的菜。

1. 皮鞋好看。
2. 文章有水平。
3. 周教授写书。
4. 朱燕看望父母。
5. 赵明打网球。
6. 农民卖水果。

二、阅读训练

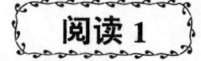

外国人对中国产品的评价

填　空

1. 在加拿大,认为中国产品质量好的人占_____。
2. 在法国,认为中国产品质量一般的人占_____。
3. 在日本,认为中国产品质量_____的人最多。
4. 在新加坡,有_____的人对中国产品质量很不满意。
5. 对这项调查没有回答的人最多的国家是_____。

(单位:%)

国　别	很好	好	一般	差	没回答
加拿大	9	35	28	14	14
法　国	5	23	44	22	6
德　国	3	24	28	7	38
日　本	7	29	45	18	1
新加坡	6	23	46	10	15
英　国	8	30	34	18	10
美　国	8	31	36	17	8

(选自《生活周刊》1997年第2期)

生　词

评价　píngjià　(动)　appraise;evaluate　评定价值高低:～文学作品。

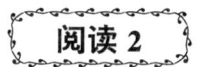

中国国道的数量和编号

中国现有国道70条,国道和省道、普通公路一起,形成了全国公路网。

国道,就是国家干线公路的简称,在国家公路网中,具有全国性的政治、经济意义,并被确定为国家干线的公路。目前,这70条国道根据它们的地理走向分为三类:第一类是以首都北京为中心的公路,共12条;第二类是南北走向的公路,共28条;第三类是东西走向的公路,共30条。

为区分这三类国道,每一条干线公路常采用三位阿拉伯数字作为编号来表示。编号的三位数中,第一位数字表示国道的类别,即1字头代表第一类以北京为中心的国道;2字头代表第二类南北走向的国道;3字头代表第三类东西走向的国道。编号三位数中的第二、第三位数字表示国道的排列顺序,即1后面的两位就是第一类国道按顺时针方向排列的序数。其他两类国道也按同样顺序排列。

(根据《百科知识》1995年第8期文章改写)

选择正确答案

1. 国道是什么？
   A. 国家的重要公路　　　　B. 省内的重要公路
   C. 北京的主要公路　　　　D. 北京到广州的铁路
2. 目前中国有多少条国道？
   A. 12条　　B. 28条　　C. 30条　　D. 70条
3. 中国的三类国道按什么分类？
   A. 按地理走向　　B. 按建造时间　　C. 按经济地位　　D. 按公路长度
4. 编号为1字头的国道是哪一类国道？
   A. 南北走向的国道　　　　B. 东西走向的国道
   C. 以北京为中心的国道　　D. 以上海为中心的国道
5. 文章没有谈到哪个问题？
   A. 国道的数量　　B. 国道的编号　　C. 国道的分类　　D. 国道的长度

生　词

编号　biānhào　（名）　number; serial number　编定的号数：请把这本书的～填在借书单上。
网　wǎng　（名）　net; network　用绳线等结成的捕鱼捉鸟的器具；像网的东西：铁路～。
顺序　shùnxù　（名）　order; sequence　事物在空间或时间上排列的先后。

阅读3

南京十多位普通百姓自费做录音带

　　想有一盒自己的录音带吗？现在，你只要花上两千多元，就可以得到一盒有十首歌的个人录音带，其效果肯定不比市场上卖的录音带差。

　　最近，十多位不以歌唱为职业的普通南京市民已通过江苏唱片有限公司的录音室得到了他们的个人录音带。据介绍，录音室与卡拉OK厅最大的区别是录音室能对音乐进行加工，帮你除去声音的缺点。例如：有的人齿音较重，加工时就可以把齿音除去；有的人唱不了高音，可以通过"提音"来完成；有的人嗓子哑了，通过处理可使声音仍然圆润。即使你从来唱不了一首完整的歌，经过加工也能使你分句演唱的歌声变成完整的一首歌。该公司经理说:"你只要把音唱准,别的事都交给我们来做。"此外,公司还可以为录制者制作彩封,上面除了没有出版号以外,和市场上的录音带没有两样。

据了解,目前全国有这项服务的有北京、山东、江苏的三家公司。从今年2月到现在,江苏唱片有限公司已经为十几名普通百姓录制了歌曲。富贵山小学教师郭艳录了十首歌,她开心地说:"我很喜欢唱歌,但觉得只唱卡拉OK还不够,这次我一共做了一百盒,公司又赠送了五盒,一共花了三千多块钱。"有几位进城打工的农民,也要求录制一盒录音带,留作纪念。

据介绍,再过两年,江苏唱片有限公司还准备为普通市民做CD,到那时,普通市民想有自己的CD就不再是梦了。

(根据《杭州时报》1997年3月文章改写)

找出下面这个句子的主干

最近,十多位不以歌唱为职业的普通南京市民已通过江苏唱片有限公司的录音室得到了他们的个人录音带。

选择正确答案

1. 第二段"彩封"是什么意思？
   A. 彩色   B. 封面   C. 彩色封面   D. 黑白信封
2. 到江苏唱片有限公司做一盒录音带需要多少钱？
   A. 两三千元   B. 四五千元   C. 一千多元   D. 一万多元
3. 国内为普通百姓做录音带的公司多不多？
   A. 很多   B. 比较多   C. 不太多   D. 没有
4. 录音室的音乐合成有什么作用？
   A. 使被录音人的声音变得好听一些   B. 使被录音人的声音变得难听一些
   C. 使被录音人的声音变得完全不同   D. 对被录音人的声音完全没有作用
5. 下面哪句话不对？
   A. 将来普通南京市民可以自己出钱做CD
   B. 自费做录音带的人中有教师和农民
   C. 广州没有为普通市民做录音带的唱片公司
   D. 唱片公司为百姓做的录音带跟市场上卖的完全一样

生　词

加工　jiāgōng　（动）　process　指做使成品更完美的工作：艺术～。
除去　chúqù　（动）　get rid of; eliminate　去掉；使没有。
圆润　yuánrùn　（形）　mellow and full　饱满而润泽：～的歌声。

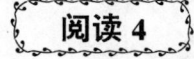
阅读 4

《家庭》杂志谈心栏目
读者来信及主持人的回信

佳宁：

　　我是贵刊的忠实读者，你给各位读者解答问题的信，我更是每信必读。现在，我自己也有难处，便想到了你。

　　我是一个新婚一年的女人，丈夫在和我结婚前曾结过一次婚。最近，我无意中发现他还保存着他们以前的照片，而他却对我说以前的照片都烧掉了。我是一个很重感情的人，人们到现在还不理解我，一个年轻漂亮的姑娘,为什么要跟一个没钱又结过婚的男人结婚。现在我给了他全部的爱,却不能使他忘记过去。你说我该怎么办?假装不知道,让他把照片保存下去,还是请他烧掉?

四川　晓丹
1997年4月23日

晓丹姑娘:

　　心胸开阔,爱的路会越走越宽;心胸狭隘,爱的路便越走越窄。你大概有这样的想法:自己作为一个没有结过婚的女子,和结过婚的他结婚,虽说是为了爱,但总是自己付出的多,丈夫应该加倍地报答自己。正因为有这种想法,你很计较丈夫的过去,当发现丈夫保存着旧日的照片时,便觉得丈夫给你的爱不是全部。我觉得你的想法是不对的。

　　爱,是不应该斤斤计较的。不管他有没有结过婚,你们都是平等的,没有什么报答的问题。你不要受世俗观念的影响,认为丈夫结过婚,便贬值了。一个人的价值不在这里。结婚前你已经知道他结过婚,但你还是决定跟他走在一起,这说明他身上有很多优点吸引你,这才是他的真正价值。走在一起只是爱的第一步,你只有从心理上真正接受并尊重丈夫以前的感情历史,才能完全接受他。我分析你丈夫当初骗你说照片已烧掉,也是因为觉得你太计较他的过去,不得不说假话。一个人不能改变过去,保存一些照片作为对过去那段感情历史的纪念,是十分正常又十分合理的,你不能因此觉得他不爱你,对不起你。

　　在看待丈夫的过去这点上,你是狭隘了点儿。我认为你应该放开心胸,尊重丈夫的过去,告诉他你理解并尊重他保存照片的做法,请他不必说假话。他一定会为你的理解和信任而感动,他只会更爱你,你在他心中也会显得更完美。

佳宁
1997年5月2日
(根据《家庭》1997年第5期文章改写)

选择正确答案

1. 佳宁是什么人?

A. 杂志谈心栏目的读者　　B. 杂志谈心栏目主持人
C. 结婚不久的女人　　　　D. 晓丹的姐姐

2. 晓丹是什么人？
A. 杂志谈心栏目的读者　　B. 杂志谈心栏目主持人
C. 不爱丈夫的女人　　　　D. 佳宁的妹妹

3. 晓丹为什么给佳宁写信？
A. 她回答佳宁提出的问题　B. 她向佳宁请教问题
C. 她想向佳宁借一些钱　　D. 她和佳宁是多年的老朋友

4. 晓丹的丈夫结了几次婚？
A. 一次　B. 两次　C. 三次　D. 四次

5. 晓丹遇到什么问题：
A. 丈夫有了情人　　　B. 丈夫不爱她了
C. 丈夫最近死了　　　D. 丈夫保存前妻的照片

6. 佳宁觉得晓丹丈夫的做法怎么样？
A. 正常　B. 合理　C. 不正常　D. A 和 B

7. 佳宁劝晓丹怎么做？
A. 烧掉丈夫旧日的照片　　B. 尊重并理解丈夫保存旧日照片的做法
C. 赶快跟丈夫离婚　　　　D. 跟丈夫一起去旅游

生　词

狭隘　xiá'ài　（形）　narrow and limited;parochial　心胸、气量、见识等局限在一个小范围里；不宽广：见闻～。

报答　bàodá　（动）　repay;requite　用实际行动表示感谢：～帮助过自己的人。

贬值　biǎnzhí　（动）　devalue;depreciate　指价值变低。

第二十六课

一、技　能

句子理解之三：抓关键词及关键标点符号

本课介绍理解句子的第三种技能——抓关键词及关键标点符号。

关键词是指对全句意思起决定作用的词。阅读时抓住关键词对理解全句的意思非常重要。比如："你<u>别</u>相信他的话！""别"决定了句子表示的是否定的意思，没有这个"别"字，句子的意思完全不一样。再比如："你<u>难道</u>不知道这件事儿吗？""我<u>哪儿</u>有那么多钱？""难道"和"哪儿"决定了句子是反问句，句子真正的意思与字面意义相反，两个句子的意思分别是"你知道这件事儿"和"我没有那么多钱"。

阅读时抓住影响全句意思的标点符号也很重要。比如："我想害你<u>？！</u>""？！"号表示反问语气，句子的意思是："我不想害你！"再比如："我两岁的儿子<u>'写'</u>的字谁也不认识。""写"字加引号表示儿子不是真的会写字。

练习

注意关键词和关键标点符号，选择一个与句子意思一致的答案

1. 他哪儿是法国人啊？
   A. 他是法国人　　B. 他不是法国人　　C. 他去法国　　D. 他不去法国
2. 我难道没有告诉你吗？
   A. 我没有告诉你　　　　B. 我告诉你了
   C. 我告诉你了吗　　　　D. 你告诉我了
3. 杨小燕今天发高烧，怎么能来上课呢？
   A. 杨小燕能来上课　　　B. 杨小燕怎么来上课
   C. 杨小燕不能来上课　　D. 杨小燕马上来上课
4. 这件外衣不是很好看吗？
   A. 这件外衣很好看　　　B. 这件外衣不好看
   C. 这件外衣好看吗　　　D. 这件外衣比较好看

5. 对外国人来说,学会用筷子并非易事。
   A. 外国人学会用筷子很容易　　B. 外国人学会用筷子不容易
   C. 外国人都不会用筷子　　　　D. 外国人都会用筷子

6. 见过晶晶的人,没有一个不喜欢她的。
   A. 每个见过晶晶的人都喜欢她　　B. 每个见过晶晶的人都不喜欢她
   C. 每个见过晶晶的人都比较喜欢她　D. 没有人见过晶晶

7. 谁都要吃饭穿衣。
   A. 谁要吃饭穿衣　　　　B. 谁在吃饭穿衣
   C. 每个人都要吃饭穿衣　D. 每个人都不要吃饭穿衣

8. 杨先生哪儿都去过。
   A. 杨先生去过哪儿　　B. 杨先生想去哪儿
   C. 杨先生去过那儿　　D. 杨先生去过很多地方

9. 那位白头发老人下车的时候差点儿摔倒了。
   A. 老人摔倒了　　B. 老人没摔倒　　C. 老人下车了　　D. 老人上车了

10. 上星期小刘买了几张兑奖券,差点儿得了特等奖。
    A. 小刘得了特等奖　　B. 小刘没得特等奖
    C. 小刘丢了兑奖券　　D. 小刘没丢兑奖券

11. 我不爱你?!
    A. 我很爱你　　B. 我不爱你　　C. 你很爱我　　D. 你不爱我

12. 他可真"努力",一个星期有三天不来上课,十次作业有七次不做。
    A. 他很努力　　B. 他不努力　　C. 他比较努力　　D. 他有时努力

二、阅读训练

阅读 1

神秘的圣女眼

迅速查找答案

1. 这幅圣女像是什么时候什么人画的?
2. 圣女像的双眼有多长?
3. 谁最先发现圣女像眼中有人影?
4. 1951年,专家们利用什么看到圣女像的右眼中确实有个印第安人半身像?

5. 1979年,一位美国教授利用电脑对圣女像进行研究,在圣女像的双眼中发现了多少个人影?

在墨西哥瓜德罗普教堂里,有一幅圣女像,是16世纪一位印第安人的作品。

1929年,这个教堂的摄影师阿方索·马尔古埃偶然发现在圣女像右眼中,有一个奇怪的人影。教堂里其他人叫他不要说出去。

1951年,一位画家也发现圣女像右眼中有人影,于是,此事就传了出去,引来许多人对圣女像进行科学研究。二十多位专家通过放大40倍的显微镜,看到圣女像右眼中确实有个人影,并且能看出是一个右手摸着胡子、头发斑白的印第安人半身像,他好像正在考虑问题。这一发现引起了更多人的兴趣。

1979年2月,美国纽约的汤斯曼教授,利用电脑把图像放大2700倍,结果在圣女像的双眼中发现了12个人影,有坐着祈祷的半裸体印第安人,有手摸胡子的白发老人,有带一群孩子的年轻女人,还有手拿帽子的印第安农民等。

在只有8厘米长的圣女像的双眼中,竟画得下这么多不同的人物。这是多么了不起的画画儿技术啊!

(根据《百科知识》1996年第1期文章改写)

生　词

圣　shèng　(形、名)　sage;saint　宗教徒对所崇拜的事物的尊称:～母。
教堂　jiàotáng　(名)　church;cathedral　基督教徒举行宗教仪式的地方。
显微镜　xiǎnwēijìng　(名)　microscope　观察微小物体的光学仪器。
祈祷　qídǎo　(动)　pray;say one's prayers　一种宗教仪式,信仰宗教的人向神默告自己的愿望。
裸体　luǒtǐ　naked;nude　没穿衣服,光着身子。

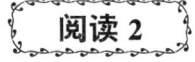

服用维生素制剂并非有益无害

人们一直认为维生素制剂对身体有好处,世界各国都有不少人在服用维生素制剂。然而,最近科学家们研究发现,随便服用维生素制剂对身体是有害的。

芬兰国家公共卫生研究所的科学家对29000名每天抽烟20支的人进行了6年试验,其中一半人每天服用50毫克的维生素E或20毫克的胡萝卜素,或者两种都服用,而另一半人只服用没有一点儿药物的安慰剂。6年后的结果是:服用维生素制剂的人肺癌发病率比另一半人高18%,脑血栓的发病率也高。这个结果表明维生素制剂并没有防癌的作用,与人们长期以来形成的一般的看法不同。

科学家们认为,应该食用多种多样的食物来获得充分的营养,特别是多吃蔬菜和水果,这样可以获得天然维生素,既安全又有用。只有在食物的种类太少的情况下,才需要服用维生素制剂。

(根据《家庭生活报》1997年3月9日蒲昭和文章改写)

选择正确答案

1. 这篇文章的主要内容是:
   A. 服用维生素制剂对身体一定有好处
   B. 服用维生素制剂对身体并不是只有好处没有害处
   C. 维生素制剂可以防癌
   D. 抽烟的人容易得肺癌
2. 科学家的试验结果是:服用维生素制剂的人得肺癌的比不服用维生素制剂的人:
   A. 多   B. 少   C. 一样   D. 差不多
3. 科学家劝人们:
   A. 吃一种食物   B. 吃多种食物   C. 多吃维生素制剂   D. 抽一点儿烟

生　词

服用　fúyòng　(动)　吃(药)。
制剂　zhìjì　(名)　preparation　生物或化学药品经过加工后制成的药物。
毫克　háokè　(量)　milligram　公制重量单位,一毫克等于一克的千分之一。
胡萝卜素　húluóbosù　(名)　carotene　有机化合物,分子式$C_{40}H_{56}$,胡萝卜、蛋黄和乳汁里含量较多。
癌　ái　(名)　cancer　上皮组织生长出来的恶性肿瘤:胃～、肝～。

正月初二回娘家

正月初二，按中国的传统，是已经出嫁的女人回娘家的日子。以前，到了这一天，一大早，街上就有许多出嫁了的女人拉着老公和孩子，提着礼物，高高兴兴往娘家赶。要是在农村，往往就是"左手一只鸡，右手一只鸭"，还得赶上几十里山路呢！现在，虽然很多人电话拜年、旅游过年，但"初二回娘家"仍然是不少女人喜欢做的事。回娘家，对结了婚的女人来说总是件高兴的、甚至有点儿自豪的事：娘家有钱的，她便为自己的家世自豪；婆家有钱的，她就为自己嫁得好而自豪。总之，这一天也算女人的节日之一。

我姑姑特别看重"初二回娘家"。奶奶活着的时候，每到正月初二，她一定和丈夫、儿女一起来看望奶奶；后来奶奶去世，我父亲——她孩子的舅舅就成了娘家人的代表。每到这一天，她全家就到我家来，孩子们在一起高兴地唱呀跳呀！我们家也非常看重这一天，东北人最爱吃的驴肉、飞龙和平时吃不着的各种山珍海味都等到这一天来吃。所以，在我的童年，对"正月初二回娘家"印象特别深，我觉得这天甚至比除夕还热闹。

人们说女人有三个家：婆家、娘家和自己的小家。不管公婆怎么样把她当成自己的女儿，也不管她在婆家多么能干，但是在她心里，娘家仍是最温馨的。那是她长大的地方，是她可以任性撒娇，可以张口就吃、蒙头便睡的地方。

民间有"一个女儿半个贼"的说法，意思是出嫁了的女儿喜欢往娘家拿东西。这说明女儿虽然出嫁了，但仍然想着娘家。其实，不仅是女儿，很多女婿比女儿还积极地往岳父岳母家送东西呢，这真让岳父岳母们高兴。难怪越来越多的人喜欢生女儿了。

(根据《南方日报》1997年2月9日文章改写)

一、判断正误

( )1. 娘家是结了婚的女人自己父母的家。
( )2. 婆家是母亲的母亲的家。
( )3. "正月初二回娘家"是中国人的传统风俗。
( )4. 现在出嫁了的女人正月初二都不回娘家了。

二、选择正确答案

1. 第一段"老公"是什么意思？
   A. 爷爷　　B. 外公　　C. 丈夫　　D. 老男人
2. 第二段"看重"是什么意思？
   A. 看得很重要　　B. 看得不重要　　C. 觉得有意思　　D. 觉得没意思
3. 第二段"山珍海味"指什么？
   A. 难吃的东西　　B. 好吃的东西　　C. 好玩的东西　　D. 难看的东西
4. "我"为什么对"正月初二回娘家"印象特别深？
   A. 因为"我"姑姑和"我"一家都很看重这一天
   B. 因为这一天"我"姑姑送给"我"很多礼物
   C. 因为小时候这一天"我"家里特别热闹
   D. A 和 C
5. 出嫁了的女儿觉得娘家怎么样？
   A. 最可怕　　B. 最热闹　　C. 最干净　　D. 最温馨
6. 为什么越来越多的人愿意生女儿？

A. 女儿对父母好　　　　B. 女儿长得漂亮
C. 女儿比较聪明　　　　D. 女儿可以卖很多钱

生　词

出嫁　chūjià　（动）　for a woman to get married　女子结婚。
自豪　zìháo　（形）　be proud of sth　因为自己或与自己有关系的集体或个人具有优良品质或取得伟大成就而感到光荣：母亲为有这样的儿子而～。
撒娇　sājiāo　（动）　act like a spoiled child　仗着受人宠爱而故意作态：小女孩爱～。

阅读 4

小鸟和水手

没有一片绿叶，没有一缕炊烟，没有一粒泥土，没有一丝花香，只有水的世界，云的海洋。

一阵台风过后，一只孤单的小鸟无家可归，落到被卷到海里的木板上，乘流而下，姗姗而来，近了，近了！……

忽然，小鸟张开翅膀，在人们头顶上飞了几圈，"噗啦"一声落到船上。也许是累了？还是发现了"新大陆"？水手赶它，它不走，抓它，它乖乖地落在掌心。可爱的小鸟和善良的水手成了朋友。瞧，它多美丽，娇巧的小嘴，啄理着绿色的羽毛，鸭子样的扁脚，呈现出春草的鹅黄。水手们把它带到舱里，给它做床，使它在船上有了家，每天把分到的不多的淡水让给它喝，把从祖国带来的美味的鱼肉分给它吃。日子久了，小鸟和水手的感情越来越深。每天清晨，当第一束阳光照进船舱的时候，它便放开美丽的歌喉，唱啊唱。人类给它以生命，它便把自己的艺术毫不保留地奉献给人们。

小鸟给远航生活带来了浪漫色彩，返航时，大家恋恋不舍地想把它带走。可小鸟憔悴了，给水，不喝！喂肉，不吃！油亮的羽毛失去了光泽。是啊，我们有自己的祖国，小鸟也有它的归宿，人和动物都是一样啊，哪儿也不如故乡好！

善良的水手们决定放开它，让它回到大海中去，回到蓝色的故乡去。离别前，这个大自然的朋友与水手们合影留念。它站在许多人的头上、肩上、掌上、胳膊上,与喂养过它的人们,一起融入那蓝色的画面……

(根据王文杰《可爱的小鸟》改写)

选择正确答案

1. 那只可爱的小鸟是怎么来到船上的?
   A. 自己飞来的　　B. 水手抓来的　　C. 朋友送来的　　D. 街上买来的
2. 下面哪一件事不是水手为小鸟做的?
   A. 给它做床　　B. 给它喝水　　C. 给它吃肉　　D. 给它找小伙伴
3. 小鸟为水手们做什么?
   A. 跳舞　　B. 画画　　C. 唱歌　　D. 递信
4. 第四段"憔悴"是什么意思?
   A. 肥胖　　B. 健壮　　C. 漂亮　　D. 瘦弱
5. 小鸟为什么变得憔悴?
   A. 它没有东西吃　　　　B. 它不愿意离开故乡
   C. 它病了一场　　　　　D. 它睡得太多
6. 下面哪句话不对?
   A. 小鸟给水手们的生活带来了欢乐
   B. 返航时,水手们决定把小鸟放回蓝天去
   C. 水手和小鸟合影留念
   D. 文章批评水手们的做法

生　词

炊烟　chuīyān　(名)　烧火做饭时冒出的烟。
乖乖　guāiguāi　(形)　well-behaved;obedient　顺从;听话。
奉献　fèngxiàn　(动、名)　offer as a tribute　献给;恭敬地交付。
返航　fǎnháng　(动)　船、飞机等驶回或飞回出发的地方。
归宿　guīsù　(名)　a home to return to　人或事物的最终着落。
融　róng　(动)　mix together;fuse　几种不同的事物合成一体。

第二十七课

一、技　　能

句子理解之四:抓关联词语(一)

本课介绍理解句子的第四种技能——抓关联词语。

关联词语是指在复句中表示分句与分句之间逻辑关系的词语。比如:"学习英语的人听英语新闻节目,既可以了解世界最新发生的大事,又可以练习听力。"关联词语"既……又……"表示两个分句之间是并列关系,两个分句所叙述的情况同时存在。再比如:"小娟虽然学习很努力,但是学习成绩不太好。"关联词语"虽然……,但是……"表示两个分句之间是转折关系,前一分句肯定一个事实,后一分句说出对立的、相反的意思。内容相同或差不多相同的两个句子,用不同的关联词语连接,两个句子之间的逻辑关系就不一样。比如:"他常常打太极拳,身体很好。"用不同的关联词语组成的三个复句:"因为他常常打太极拳,所以身体很好。""为了身体好,他常常打太极拳。""如果他常常打太极拳,身体就会好。"句子的逻辑关系完全不一样。阅读时抓住关联词语,对准确、快速地理解句子的意思非常重要。

练习

阅读下面的句子,选择正确的答案

1. 李芳不但会打乒乓球,而且会打羽毛球、排球。
   李芳会打什么球?
   A. 乒乓球　　　　B. 羽毛球和排球
   C. 乒乓球和排球　D. 乒乓球、羽毛球和排球

2. 不是我不想跟她结婚,而是她觉得自己年纪还小,不想现在结婚。
   谁不想现在结婚?
   A. 我　B. 她　C. 我和她　D. 我妹妹

3. 我们家除了妈妈会包饺子以外,其他人都不会包饺子。
   谁会包饺子?

A. 弟弟　　B. 爸爸　　C. 妈妈　　D. 全家

4. 玛丽学习非常努力，每天晚上不是写汉字就是念课文。

    玛丽每天晚上做什么？

    A. 只写汉字　　　　　　　B. 只念课文

    C. 或者写汉字或者念课文　　D. 不写汉字不念课文

5. 小李的妹妹虽然长得不太漂亮，可是却非常聪明。

    小李的妹妹有什么优点？

    A. 漂亮　　B. 聪明　　C. 漂亮、聪明　　D. 善良、温柔

6. 他住的那个房间既干净又安静。

    他住的那个房间怎么样？

    A. 很干净　　B. 很安静　　C. 干净、安静　　D. 脏、吵闹

7. 只有打青霉素，他这种病才能好。

    怎么样他的病才能好？

    A. 打青霉素　　B. 打红霉素　　C. 好好休息　　D. 多吃东西

8. 这种样式的衣服，不管是男人还是女人，都可以穿。

    哪些人可以穿这种样式的衣服？

    A. 只有男人　　B. 只有女人　　C. 男人和女人　　D. 大人和孩子

9. 除了张文和王朋以外，阿里还有三个中国朋友。

    阿里有几个中国朋友？

    A. 两个　　B. 三个　　C. 五个　　D. 十个

10. 这位歌星不但会唱歌，而且还会写歌。

    这位歌星会什么？

    A. 只会唱歌　　B. 只会写歌　　C. 会唱歌和写歌　　D. 会跳舞和唱歌

给下列句子填上适当的关联词

1. _____他从小在英国长大，_____他的英语非常流利。
2. _____赵晓红的房间不太大，_____收拾得很整洁。
3. _____刮风还是下雨，老谢每天_____来上班。
4. _____你不告诉我，我_____知道这件事儿。
5. 每到星期六晚上，刘慧_____去卡拉OK，_____去跳舞。
6. 周老师_____会说英语，_____会说德语、俄语。

7. _____多挣一点儿钱，他每天不停地工作。
8. _____我不想告诉你，_____我根本不知道这件事儿。
9. 我们班_____安娜没有去过上海_____，别的同学_____去过。
10. _____你一定要去，_____去吧。

二、阅读训练

阅读 1

传真机走进普通家庭

填　空

1. 以前买传真机的一般是_____。
2. 现在买传真机的家庭越来越_____。
3. 中国传真机的销售量每年增加_____。
4. 人们最喜欢买_____元左右的传真机。

　　只要注意一下就会发现，以前只有大机关、大企业才有的现代办公用品——传真机，现在已经进入普通家庭。国内传真机的销售量每年增加35%，其中大多数是普通家庭购买的。

　　据分析，在以后很长时间内，占国内销售量60%的是3000～5000元的传真机，其中又以3000元左右的传真机最受欢迎。这些传真机中，不少具有自动电话拨号、自动切纸、复印、录音等功能，能满足一般的办公需要，家庭也能接受这一价格。今后，传真机的发展方向是体积小、价格便宜、使用方便的普通型。

（根据《广州日报》1997年6月文章改写）

生　词

传真　chuánzhēn　（名）　facsimile　利用光电效应，通过有线电或无线电装置把照片、图表、书信、文件等的真迹传送到远方的通讯方式。
机关　jīguān　（名）　office; organ　办理事务的部门：行政～。

阅读 2

代客哭笑

意大利一位名叫玛莉亚·格拉茜的中年妇女,在一家报纸上登了一个广告:"您如果需要'眼泪与笑声',本人可以出卖。需要者,请来西西里岛的卡坦尼亚镇与本人面谈。"广告登出以后,来找她代哭代笑的人非常多,每周少的时候15次,多的时候28次。每次收费15美元。

玛莉亚·格拉茜参加送葬队伍时,身穿黑色衣服,跟在棺材后面,由两个人扶着,哭得要死要活,一把眼泪,一把鼻涕;一会儿嚎啕大哭,一会儿呜咽啜泣;一会儿捶胸顿足,一会儿拍打棺材。不到三个小时,她又穿上漂亮华丽的衣服,在举行婚礼的地方,满面笑容、彬彬有礼、笑声朗朗地热情招呼前来给结婚的新人表示祝贺的客人们。

现在,意大利代客哭笑的已有1000多人。由于这种经常的精神不正常,时间久了,不少人都得了精神病,住进了医院。

(根据《读者精华》第5期文章改写)

压缩句子,在第二段可以略去不读部分划线

填 空

1. 玛莉亚·格拉茜用_____方法让人们知道她特别的服务。
2. 玛莉亚·格拉茜代客哭或笑一次,可得_____美元。
3. 最忙的时候,玛莉亚·格拉茜每周代客哭笑_____次。
4. 意大利有_____人代客哭笑。
5. 代哭代笑的人,容易得_____病。

生 词

送葬　sòngzàng　take part in a funeral procession　送死者遗体到埋葬地点或火化地点。
棺材　guāncai　(名)　coffin　装殓死人的东西,一般用木材制成。
鼻涕　bítì　(名)　nasal mucus　鼻子里所分泌的液体。

阅读 3

琳琳的帽子

琳琳是个可爱的小女孩。可是,当她念一年级的时候,医生却发现她那小小的身体里面竟长了一个肿瘤,必须住院接受三个月的化疗。出院后,她更瘦小了,也不像以前那么活泼了。更可怕的是,以前那一头美丽的黑发,现在差不多都掉光了。虽然她不怕疾病,她的聪明好学也使她不用为功课而担心,可是,每天顶着一个光秃秃的头到学校去上课,对于她这样一个六七岁的小女孩来说,却是非常可怕的事情。

老师非常理解琳琳。在琳琳回校上课前,她对班上的同学说:"从下星期一开始,我们要学习认识各种各样的帽子,大家都要戴着自己最喜欢的帽子到学校来,越新奇越好!"

星期一到了,离开学校三个月的琳琳第一次回到了她熟悉的教室。但是,她站在教室门口却不敢走进去,她很担心,因为她戴着帽子。

突然,她从窗口里看到,她的每一个同学都戴着帽子,和他们五花八门的帽子比起来,她的帽子是那么普通,几乎不会引起任何人的注意。一下子,她觉得自己和别人没有什么不同了。她放心地笑了,笑得那样甜,笑得那样美。

日子就这样一天天过去了。现在,琳琳常常忘了自己还戴着帽子。同学们呢?好像也忘了。

(根据《上海译报》文章改写)

选择正确答案

1. 第一段"肿瘤"是什么意思?
   A. 一种病   B. 一种虫   C. 一种食物   D. 一种花儿
2. 第一段"化疗"是什么意思?
   A. 化学   B. 治疗   C. 疗养   D. 化学治疗
3. 琳琳什么时候掉光了头发?
   A. 上幼儿园的时候   B. 上小学的时候   C. 生日的时候   D. 化疗以后
4. 根据文章第一段最后一句话,琳琳觉得最可怕的事情是什么?
   A. 身体不好   B. 学习不好   C. 没有头发   D. 没有钱
5. 琳琳为什么不敢走进教室?
   A. 因为她不认识老师   B. 因为她不认识同学
   C. 因为她穿得不漂亮   D. 因为她戴着帽子
6. 老师为什么让同学们戴着帽子来学校上课?
   A. 因为那时候天气很冷   B. 因为戴着帽子好看
   C. 为了让同学们认识帽子   D. 为了让琳琳觉得自己跟别人一样

生 词

顶　dǐng　(动)　carry on the head　用头支承:杂技演员正在表演～碗。
新奇　xīnqí　(形)　strange;new　新鲜特别:他刚来的时候,觉得很～。
光秃秃　guāngtūtū　(形)　bare;bald　形容没有草木、树叶、毛发等盖着的样子:～的树枝。

阅读 4

中国的照相迷

"一、二、三!"在中国的名胜古迹,到处都可以听到人们在叫着。照相机前,"模特儿"做着各种各样的姿势。

我来中国以前,没想到中国人这么喜欢照相。我心目中的中国人是不喜欢出头露面的。所以我看到这种情况,觉得很奇怪。他们不但在名胜古迹照,在别的许多地方也照。照相的时候,他们的姿势好像"模特儿"那么美。我觉得很有意思。

而且,在中国有很多婚纱照相馆。一个中国朋友给我看她结婚时照的相,我很有兴趣地看,因为我们日本人没有照那么多照片的习惯。她们的化妆、衣服、发式,都像演员那么漂亮。在日本,专门照结婚相的照相馆很少。

我觉得中国有很多照相迷。

中国人还常常给别人看自己的照片。有时候,父母的照片也给别人看。这种习惯在日本好像也没有。给人家看自己的照片,对我们日本人来说,不好意思。

我问中国朋友:"为什么给人家看自己的照片?"她说:"这是表示友好。再说,我们希望和朋友分享快乐。"我又问:"怎么中国人照相的时候,要做各种各样的姿势?不会不好意思吗?"她回答:"怎么会不好意思呢?我们中国人希望自己看起来漂亮一些,谁都想这样,你们也一样吧?"

"百闻不如一见。"我来中国以后,了解到很多中国人的风俗习惯都是我以前不知道的。我觉得中国人的样子和我们日本人一样,可是想法、做法不一样。很有意思。

(根据《羊城晚报》1997年6月文章改写)

选择正确答案

1. 文章中的"模特儿"指什么人?
   A. 真正的模特儿   B. 在照相的人   C. 给人照相的人   D. 结婚的人
2. 文章作者是哪国人?
   A. 中国人   B. 日本人   C. 韩国人   D. 英国人
3. 文章作者为什么觉得中国有很多照相迷?
   A. 因为作者在中国很多地方看到很多中国人喜欢照相
   B. 因为作者看到中国有很多婚纱照相馆
   C. 因为作者看到很多中国人都有照相机
   D. A 和 B
4. 中国人照相时为什么要做各种各样的姿势?

A. 希望自己好看一些　　　B. 希望自己难看一些
C. 希望自己健康一些　　　D. 希望自己高大一些

5. 中国人什么跟日本人一样？
A. 想法　　B. 做法　　C. 脾气　　D. 样子

生　词

迷　mí　（名）　fan; enthusiast　对某一事物很感兴趣的人：足球～。
模特儿　mótèr　（名）　model　用来展示新样式服装的人。
分享　fēnxiǎng　（动）　share　和别人分着享受欢乐、幸福、好处等：～孩子的快乐。

第二十八课

一、技　能

句子理解之四：抓关联词语（二）

第二十七课我们介绍了理解句子的第四种技能——抓关联词语。关联词语可以分为两大类，一类用在联合复句，一类用在偏正复句。本课我们来具体说明一下第一类。

联合复句中两个或几个分句地位平等，不分主次。比如："在中国，我们留学生既可以学习汉语，又可以了解中国各方面的情况。""可以学习汉语"和"可以了解中国各方面的情况"两个分句地位平等，没有重要和次要的区分，关联词语"既……又……"表示这种并列的关系。又比如："王刚很喜欢运动，每天下午不是在校园里跑步，就是在球场里打球。""在校园里跑步"和"在球场里打球"两个分句地位平等，关联词语"不是……就是……"表示选择的关系。联合复句又可以分为几小类，下面所列是常用的关联词语：

并列关系：又……又……、既……又……、一方面……另一方面……、不是……而是……、不是……就是……

顺承关系：就、然后、接着、于是

递进关系：不但……而且……、不但……反而……、甚至……、……还……

选择关系：不是……就是……、或者……或者……、要么……要么……、与其……不如……

练习

给下列句子填上适当的关联词语

1. 娜娜的兴趣很广，＿＿＿喜欢体育，＿＿＿喜欢艺术。
2. 这个动画片＿＿＿孩子爱看，＿＿＿成年人也爱看。
3. 张大林＿＿＿是一个好父亲，＿＿＿是一个好丈夫。
4. 王红的姐姐很快就要结婚了，＿＿＿这个月＿＿＿下个月。

5. 图书馆____有很多中文书,____有不少外文书。
6. 你别生气。____我不愿意陪你逛街,____我实在没有时间。最近事情太多了。
7. 安娜____会说汉语,____说得非常流利。
8. 邻居家的那个小男孩真讨厌,每天____哭____闹。
9. 我帮他洗了衣服,可他____不感谢我,____还骂我多管闲事。
10. ____和一个没有感情的人生活在一起,还____一个人生活。

完成下列句子

1. 林苹不但长得漂亮,_____。
2. 我不是不喜欢旅游,_____。
3. 最近天气很不好,不是刮风_____。
4. _____,而且和他是好朋友,常常去他家玩儿。
5. 冬冬这孩子没有停下来的时候,不是跑_____。
6. 和爸爸妈妈住在一起,一方面照顾他们比较方便,_____。
7. 车站太远了,要么坐车去,_____。
8. 我想了想,觉得他说得对,_____就同意了他的意见。

二、阅读训练

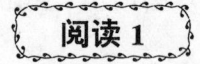

四母女同生日

迅速查找答案

1. 哪四个人同生日?
2. 四母女的生日是哪月哪日?
3. 四母女同生日的情况多不多?
4. 史妲尔·雷蒙三个女儿的出生时间有没有特意安排?

1996年4月8日,美国加州三十岁妇女史妲尔·雷蒙生下了她的第三个女儿妮考丽特。使她又惊又喜的是：妮考丽特的生日居然与她本人和十二岁的大女儿吉尔琳、两岁的二女儿艾茜莉同一天。

据有关专家计算，母女四人同一天生日的比率为1/50000000。事实上，这种情况以前还没有出现过。据说，在上个世纪的法国，曾有过三母女同生日。

史妲尔·雷蒙说，她和丈夫没有特意安排三女儿的出生时间。其实，三女儿比正常出生时间早，由于史妲尔怀孕六个月时曾遇到一次车祸，她就在医生建议下吃药预防孩子提前出生，但是三女儿还是提前出生了，好像是特意为了与母亲和两个姐姐享受同一天生日。史妲尔·雷蒙还强调，大女儿和二女儿，他们也没有特意安排出生时间，完全是自然出生。

（根据《家庭》1996年第5期文章改写）

生　词

特意　tèyì　（副）　for a special purpose; specially　表示专为某事：他是～来看你的。
怀孕　huáiyùn　（动）　be pregnant　妇女或雌性哺乳动物有了胎。

阅读 2

冬虫夏草

冬虫夏草是一种样子十分奇怪的东西——说是动物，又不全是动物；说是植物，又不全是植物。看起来，它的下边像一条虫，上边像一棵草。其实，它的下边真的是虫体，是一些飞蛾的幼虫；虫体上边长的不是草，而是麦角菌。

在西藏、四川、云南、青海、甘肃等地的高山草原上，每年夏秋季节，有几种飞蛾的幼虫，钻到地下找东西吃，并在地下过冬。有的幼虫把麦角菌的种子吃进肚子，于是麦角菌就在虫肚子里生长。麦角菌"吃"着虫体内的营养，一个冬天把幼虫体内的营养全部"吃"完，只剩下幼虫的外壳——这就是冬虫。到第二年夏天，麦角菌从里边长出样子像小草那样的东西，这就是夏草。

冬虫夏草是一种名贵的中药。它能治疗多种疾病，如神经衰弱、咳喘、糖尿病、贫血等。体质不好的人，吃了可以增强体质。

(根据《十万个为什么》文章改写)

选择正确答案

1. 第一段"虫体"是什么意思？
   A. 昆虫　　B. 身体　　C. 虫的身体　　D. 飞蛾
2. 第一段"飞蛾"是什么？
   A. 一种树　　B. 一种虫　　C. 一种鱼　　D. 一种花
3. 冬虫夏草是什么？
   A. 一种动物　　B. 一种植物　　C. 一种季节　　D. 冬天是动物，夏天是植物
4. 什么可以长成冬虫夏草？
   A. 全部飞蛾幼虫　　　　B. 麦角菌的种子
   C. 高山草原上的草　　　D. 吃了麦角菌种子的飞蛾幼虫
5. 冬虫夏草生长在什么地方？
   A. 高山草地　　B. 海洋深处　　C. 家里的菜地　　D. 阳台上的花盆
6. 冬虫夏草有什么作用？
   A. 当菜吃　　B. 当饭吃　　C. 观赏　　D. 治病

生　词

治疗　zhìliáo　（动）　treat;cure　用药物、手术等消除疾病:他的病必须住院～。

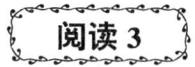

生　命　在　于　奉　献
——电视连续剧《猴娃》观后

　　从今年除夕起,我很认真地看了由中央电视台首播的电视剧《猴娃》,深深地被剧中人物命运和情节所打动。近日,我又一次观赏了该剧,有很多感想。

　　记得60年代初,由绍剧表演艺术大师六龄童主演的绍剧《孙悟空三打白骨精》风靡全国,誉满海外。毛泽东主席先后三次观看了他们父子的演出并挥毫作诗《七律——和郭沫若同志》,留下了"金猴奋起千钧棒,玉宇澄清万里埃"的千古绝唱。祖籍绍兴的周恩来总理,在观看了家乡的绍兴戏后,高兴地抱着"猴娃"天星合影留念,称他小六龄童(后来成为天星的艺名)。我曾经看过五次"猴娃"在剧中扮演的可爱动人的"小传令猴",他的表演常常赢得观众的热烈掌声。生活中的"猴娃"聪明可爱,每次见到我总是阿姨长阿姨短地说个不停,他曾不止一次地说:"就喜欢看阿姨您演的评剧,百看不厌。"可是,怎么也想不到,这样一位在艺术上前途无量的小"猴娃",竟然被白血病这个病魔夺走了生命,年仅十六岁。真是太可惜了!

　　又是一个十六年,让人高兴的是"猴娃"的小弟弟天来(即六小龄童),刻苦努力,在大型电视连续剧《西游记》中扮演的孙悟空获得了巨大的成功,终于完成了兄长临终前的最后嘱托,成为名扬中外的新一代美猴王。

　　衷心感谢拍摄单位让广大电视观众看到了这么一部成功的好作品。《猴娃》给青少年指引了一条成才的路,也使我深深感到:人的生命在于奉献。

　　"猴娃"的艺术永存。

(根据《北京晚报》1994年4月19日新凤霞同名文章改写)

选择正确答案

1. 这是一篇什么？
   A. 日记　　B. 小说　　C. 说明文　　D. 观后感
2. 第一段"首播"是什么意思？
   A. 第一次　　B. 播放　　C. 第一次播放　　D. 第二次播放
3. 作者看了几次《猴娃》？
   A. 一次　　B. 两次　　C. 三次　　D. 没看过
4. "猴娃"指谁？
   A. 六龄童　　B. 小六龄童　　C. 六小龄童　　D. 文章作者
5. 天星是哪个剧种的演员？
   A. 评剧　　B. 绍剧　　C. 京剧　　D. 粤剧
6. 天星演过什么？
   A.《西游记》　　　　B.《孙悟空三打白骨精》
   C.《猴娃》　　　　　D.《七律——和郭沫若同志》
7. 《西游记》里的孙悟空是谁演的？
   A. 六龄童　　B. 小六龄童　　C. 六小龄童　　D. 文章作者

生　词

情节　qíngjié　（名）　plot　事情的变化和经过：故事～。
风靡　fēngmǐ　（动）　fashionable　形容事物很流行，像风吹倒草木：～世界。
千古　qiāngǔ　（名）　through the age；for all time　长远的年代。
绝唱　juéchàng　（名）　the peak of poetic perfection　指诗文创作的最高造诣。
无量　wúliàng　　measureless；boundless　没有限量；没有止境。
病魔　bìngmó　（名）　serious illness　比喻严重的疾病。
嘱托　zhǔtuō　（动）　entrust　托人办事，托付：他～我办这件事儿。
拍摄　pāishè　（动）　take a picture；shoot　用摄影机把人物的形象照在底片上。

阅读 4

请母亲吃饭

　　母亲节到来的时候，我最强烈的愿望就是：请母亲吃饭——在最漂亮的饭店里，以最虔诚的心情。

平时过节从来是吃母亲做的饭,当之无愧地吃,理所当然地吃。边吃边海阔天空地聊,不顾母亲忙忙碌碌地递菜递汤;吃完了喝茶看报,满桌的杯盘狼藉,任由母亲去收拾。

对自己最好的那个人,往往就是你对他最凶的那个人。对于母亲,你会在她好言叮咛时大皱眉头:真啰嗦!你会在她张罗与亲戚们的应酬时大肆批评:真多事!

在忙碌的节奏中惟有母亲是可以忽略的,紧张的神经惟有在母亲那儿可以松懈。因为你知道,无论你怎么凶神恶煞、满脸不耐烦,母亲对你的爱不会改变。

事实上母亲已经老了。她的心脏或许承受不了你的生硬,她的纤弱或许消化不了你的粗糙。她离开了工作,离开了社会,把儿女当作惟一寄托。并不是她不在乎你们的态度,而是不忍去指责与要求。

爱,有时是以奇怪而恶劣的方式表现出来。比如你是怕母亲太累太无私或者太节俭而埋怨声声、苛责切切。但你以恶劣方式表现的爱还是爱吗?

我想,请母亲吃饭也就是请母亲原谅。

原谅那份急躁、粗鲁、浅薄与功利。——对最爱你的人应该持最小心的态度。惟有懂得这一点,我们才是高贵的人,尊贵的人。

其实,用不着等到母亲节,在平淡如水的日子里,就从珍惜这最容易得到的爱开始。当我在铺着洁净桌布的桌子上向母亲敬酒时,当我为母亲点上她最爱吃的菜时,我想我就是一个自己所喜欢、所欣赏的人了。最质朴的感情也是需要形式的。

(根据《家庭》1998年第2期南妮文章改写)

选择正确答案

1. 作者想在母亲节做什么?
　　A. 请母亲去旅游　　　B. 请母亲吃饭
　　C. 给母亲送花儿　　　D. 给母亲送钱
2. 平时过节的时候谁最忙最累?
　　A. 儿女　　B. 亲戚　　C. 父亲　　D. 母亲
3. 母亲对儿女们怎么样?

    A. 只有儿女关心自己的时候才爱儿女
    B. 只有当儿女年纪还小的时候才照顾儿女
    C. 只有当儿女有困难的时候才帮助儿女
    D. 不管儿女对自己怎么样,都爱儿女
4. 儿女们对母亲的态度怎么样?
    A. 不好　　B. 一般　　C. 较好　　D. 好
5. 作者想请母亲原谅什么?
    A. 原谅自己对父亲的态度　　B. 原谅自己对母亲的态度
    C. 原谅自己工作做得不好　　D. 原谅自己学习成绩不好
6. 下面哪句话不对?
    A. 人们往往对最爱自己的人态度不好
    B. 有时儿女用不好的方式表达对母亲的爱
    C. 最质朴的感情也是需要形式的
    D. 用恶劣方式表示的爱是最质朴的爱

生　词

虔诚　qiánchéng　(形)　pious;devout　恭敬而有诚意。

狼藉　lángjí　(动)　in disorder　乱七八糟;杂乱不堪(用于书面):杯盘～。

凶神　xiōngshén　(名)　demon;fiend　迷信者指凶恶的神,常用来指凶恶的人。

在乎　zàihu　(动)　care about;mind　在意;介意(多用于否定式):只要能学会,少睡点儿觉倒不～。

埋怨　mányuàn　(动)　blame;complain　因为事情不如意而对自己认为原因所在的人或事物表示不满。

珍惜　zhēnxī　(动)　treasure;value　珍重爱惜:～时间。

质朴　zhìpǔ　(形)　simple and unadorned　朴实;不矫饰:为人～忠厚。

第二十九课

一、技　　能

句子理解之四：抓关联词语（三）

本课我们来说明一下第二类关联词语——用在偏正复句的关联词语。

偏正复句中两个或几个分句之间，意义上有主次之分。一般前边的分句是偏句，说明限制主句；后边的分句是主句，是全句意思所在。比如："小娟虽然学习很努力，可是学习成绩不太好。"前边的偏句先肯定一个事实，后边的正句说出对立、相反的意思，正句的意思是主要的。关联词语"虽然……但是……"表示转折的关系。又比如："不管天气好还是不好，老李每天都准时上班。"前边的偏句先排除一切条件，后边的正句说明在任何条件下都会产生这样的结果，正句的意思是主要的。关联词语"不管……都……"表示条件关系。偏正复句又可以分为几小类，下面所列是常用的关联词语：

转折关系：虽然……但是……、尽管……但是……、可是、却、然而
假设关系：如果……就……、要是……就……、即使……也……
条件关系：只有……才……、只要……就……、无论……都……、不管……也……
因果关系：因为……所以……、由于……因此……、既然……就……
目的关系：为了、以便、以免

> 练习

给下列句子填上适当的关联词语

1. 王先生很爱儿子，＿＿＿儿子要买什么，他＿＿＿同意。
2. ＿＿＿他来中国的时间不长，＿＿＿对中国的风俗习惯很了解。
3. 离火车开车时间还早呢，＿＿＿再晚半个小时出门，＿＿＿还来得及。
4. 他病得太厉害了，＿＿＿中药还是西药，＿＿＿治不好他的病。
5. 晶晶的奶奶＿＿＿已经七十多岁了，＿＿＿走路的动作还像个年轻人。

6. 我姐姐三岁的儿子很娇气，晚上____跟我姐姐一起睡____不哭闹。
7. 你得的是感冒，问题不大。____吃几天药，好好休息几天，____会好。
8. 你____去跟他好好谈谈，____能把误会解释清楚。
9. 这件印有万里长城的T恤，____你喜欢，____送给你吧。游览长城的时候我买了好几件，就是准备送给朋友。
10. ____你做事认真一点儿，____不会出那么多差错。

完成下列句子

1. 王小静特别爱吃水果。_____，她都觉得好吃。
2. 如果你真的爱我，_____。
3. 因为李青又聪明又漂亮，_____。
4. _____，可是学习成绩并不好。
5. 马先生虽然很有钱，_____。
6. _____，所以他考试成绩很好。
7. _____，小李每天都给女朋友送一朵红玫瑰。
8. 小英对大伟说："_____，我都爱你！"
9. 既然你那么喜欢这条金项链，_____。
10. 如果你同意，_____。

阅读下面的句子，选择正确的答案

1. 谢先生很注意锻炼，每天早晨不是跑步就是打太极拳。
   每天早晨谢先生做什么？
   A. 只跑步　　　　　　B. 只打太极拳
   C. 或者跑步或者打太极拳　　D. 不跑步不打太极拳
2. 不管多么忙，晓梅每个星期都要回去看看她那多病的妈妈。
   工作非常忙的时候，晓梅回去看妈妈吗？
   A. 不去　　B. 去　　C. 叫丈夫去　　D. 叫女儿去
3. 亮亮这孩子最怕爸爸，只有爸爸的话他才听，妈妈和奶奶管不了他。
   亮亮听谁的话？

A. 妈妈　　B. 奶奶　　C. 爸爸　　D. 爷爷

4. 除了去过美国和加拿大以外,他还去过日本、韩国和新加坡。

　　他去过几个国家?

　　A. 两个　　B. 三个　　C. 五个　　D. 四个

5. 不是我周末不带孩子去公园玩,而是孩子作业太多不敢去。

　　谁不敢去公园?

　　A. 我　　B. 孩子　　C. 老师　　D. 他

6. 这位厨师不但广东菜做得好,而且会做四川菜、山东菜。

　　这位厨师会做什么菜?

　　A. 广东菜　　　　　　B. 四川菜、山东菜
　　C. 广东菜和四川菜　　D. 广东菜、四川菜和山东菜

7. 我这辆自行车虽然旧了点儿,但是却非常好骑,而且不怕偷。

　　这辆自行车有什么好处?

　　A. 很好骑　　B. 小偷不偷　　C. 很新　　D. 好骑和不怕偷

8. 上个星期的期中考试,除了第四题和第六题他做错了以外,别的九个题他都做对了。

　　他做错了几个题?

　　A. 四个　　B. 六个　　C. 两个　　D. 九个

二、阅读训练

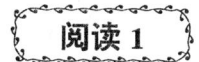

花香治病

填　空

1. 香味有杀菌作用的鲜花有_____多种。
2. 鲜花发出的一种气体物质,在_____中飘游,能杀死一些病菌。
3. _____的香味,对睡眠有帮助。
4. 感冒的人闻_____的香味有好处。
5. 中国古代名医华佗制作了一种叫_____的东西,为病人治病。

　　据有关专家研究,目前已发现三百多种鲜花的香味中含有不同的

杀菌物质,其中许多是对人体有好处的,所以不同鲜花的香味对不同的疾病有辅助治疗的作用。例如天竺葵的香味,有助于睡眠;菊花的香味,有助于治疗感冒;茉莉花的香味,有助于治疗头痛;玫瑰、栀子花的香味,有助于治疗喉咙痛;丁香花的香味有助于治疗哮喘病;桂花的香味有助于治疗支气管炎;紫薇的香味则有助于治疗结核病。花香能杀菌治病的原因,是由于鲜花发出的一种气体物质的作用,它在空气中飘游,能杀死它周围的一些病菌。人们在鲜花中呼吸时,这种气体物质就进入人体,产生治疗作用。

用花治病,我国古代就有。三国时的名医华佗把丁香、檀香等干花装进绸布袋做成"香囊",人们可以带在身上,也可以挂在房间,用来治疗肺痨、吐泻等疾病。我国民间用菊花、金银花等做成"香枕",有祛头风、降血压的作用。近年来出现的"香枕疗法",就是让病人枕上有干花香味的枕头,很快睡着,产生治病的作用。

(根据《保健时报》1997年2月21日花木文章改写)

生　词

病菌　bìngjūn　(名)　pathogenic bacteria;germs　能使人或其他生物生病的细菌。
有助于　yǒuzhùyú　对……有帮助。

阅读 2

《月球之谜》简介

如果你家里有一个能认字、会看书,而且对自然事物很感兴趣的孩子,您怎么才能满足他了解世界的要求呢?这里有一本关于月球的读物。

90年代初,这本书在美国是人们抢着买的畅销书,它告诉人们科学家对月球的发现,其中很多是第一次公开的。例如:美国的宇宙飞船在登月时曾遇到一个巨大的物体,而前苏联的宇宙飞船也曾遇到一个不像是人类的飞行物体……这是怎么一回事呢?

本书还介绍了两位前苏联科学家的看法:月球曾经被改造过,它的里面是空的,也就是说,另有一些生物已比人类先到月球。

在月光明亮的晚上,您和您的孩子一起阅读这本很有意思的小书,那是一件多么快乐的事情！

《月球之谜》作者是美国人顿·威尔逊，由海潮出版社翻译出版。

(根据《家庭》1997年第4期文章改写)

选择正确答案

1. 第一段"读物"是什么意思？
   A. 阅读的东西　　B. 卖的东西　　C. 吃的东西　　D. 玩的东西
2. 第三段"登月"是什么意思？
   A. 登上　　B. 月球　　C. 登上月球　　D. 观察月球
3. 《〈月球之谜〉简介》是什么？
   A. 是一本关于月球的读物　　　　B. 是一本关于月球的小说
   C. 是一篇关于月球的科学论文　　D. 是一篇介绍《月球之谜》这本书的短文
4. 《月球之谜》是什么？
   A. 是一本关于月球的读物　　　　B. 是一本关于月球的小说
   C. 是一篇关于月球的科学论文　　D. 是一篇介绍《月球之谜》这本书的短文
5. 《月球之谜》的主要内容是什么？
   A. 孩子对月球的发现和看法　　B. 科学家对月球的发现和看法
   C. 孩子对太阳的发现和看法　　D. 科学家对太阳的发现和看法
6. 《月球之谜》特别适合哪些人阅读？
   A. 司机　　B. 教授　　C. 孩子　　D. 老人

生　词

谜　mí　（名）　enigma; mystery　比喻还没有弄明白的或难以理解的事物：这件事到现在还是个～。

公开　gōngkāi　（动）　make public　使秘密的成为大家都知道的：这件事不能～。

宇宙飞船　yǔzhòufēichuán　（名）　spaceship; spacecraft　用多级火箭做运载工具、从地球上发射出去能在宇宙空间航行的飞行器。

阅读 3

自行车王国

在中国，有人的地方就有自行车。如果你想让人惊讶一下，最好的办法是说自己不会骑自行车，就好像你刚从上个世纪走出来一样。短短几十年里,中国已经从一个没有自行车的国家变成自行车王国。

小时候,梦中最快乐的事儿就是突然间学会了骑车,当时最想得到的也是自行车。学骑车对每个中国人都是一个难忘的经历,摔得越来越少了,你也就驯服了这个形影不离的"朋友"。当一个孩子在街上自如地骑着自行车的时候,他觉得自己一下子长大了。

自行车是中国家庭不可缺少的"成员",有的家庭几乎每人一辆,全中国可能有4亿辆自行车,平均约每3个人一辆。80年代以前,虽然各地都在生产自行车,但仍供不应求,"飞鸽"、"永久"、"凤凰"等名牌车,需凭票才能买到。现在情况不同了,中国的、外国的、合资的,山地车、竞赛车、男装车、女装车、儿童车,多得让你不知买哪种好。在世界能源越来越紧张的今天,自行车最适合中国的情况。很难想像,中国没有自行车会怎么样?

每天上班时间,从千家万户中推出数不清的自行车,这些自行车在街上成了"流动的长城"。这情景大概只能在中国看到。有人说,中国是两个轮子上的国家,这不是没有道理的。

(根据《新民晚报》1997年3月文章改写)

一、判断正误

(   )1. 在中国,不会骑自行车的人不多。
(   )2. 中国现在不生产自行车。
(   )3. 1972年,中国人买自行车非常容易。
(   )4. 现在,中国人买自行车非常难。
(   )5. 自行车比汽车适合中国的情况。

二、选择正确答案

1. "自行车王国"是什么意思?
   A. 自行车当国王的国家　　　　B. 专门卖自行车的国家
   C. 自行车非常多的国家　　　　D. 发明自行车的国家
2. 第二段"形影不离"是什么意思?
   A. 比喻常常在一起　　　　　　B. 比喻常常不在一起
   C. 比喻有很大影响　　　　　　D. 比喻没有影响
3. 下面哪种不是80年代以前中国的名牌自行车?
   A. 凤凰　　B. 永久　　C. 飞鸽　　D. 五羊
4. 第四段"千家万户"是什么意思?
   A. 指一千个人家里　　　　　　B. 指一万个人家里
   C. 指很多人家里　　　　　　　D. 指很少人家里
5. "流动的长城"指什么?
   A. 路上数不清的人骑着的自行车　　B. 路上五六个人骑着的自行车
   C. 铁路上开着的长长的火车　　　　D. 铁路上停着的长长的火车

生　　词

经历　　jīnglì　　（名）　experience　亲身见过、做过或遭受过的事:生活～。
驯服　　xùnfú　　（动）　tame;break　使顺从:这匹野马终于被～了。
自如　　zìrú　　（形）　freely;with facility　活动或操作不受阻碍:行走～。
供不应求　gōngbùyìngqiú　demand exceeds supply　供给不能满足需要:这种产品～。
想像　　xiǎngxiàng　（动）　imagine　对于不在眼前的事物想出它的具体形象:～不出。

阅读 4

集 邮

　　集邮是一种文明、健康的爱好。每个国家、民族的邮票都有自己的特点,都把本国、本民族的著名人物、山川、建筑、花鸟,作为邮票选题的内容,特别是那些世人瞩目、本国人引以为骄傲的事情,更被优先列入选题之内。所以有人说,邮票是一个国家的名片。人们喜好集邮,是因为能从中了解历史、自然、社会,真是小小方寸,融汇了知识的海洋。比如中国早年发行的"金鱼"套票和"山茶花"邮票,当时针对中国最有代表性的金鱼有哪些品种,山茶花的产地、分布情况等问题,都分别向中科院及有关专家请教,然后再反复挑选,确定下来。可以说多年集邮的人,大多兴趣广泛,知识面较广。集邮的人得病以后比没有这种爱好的人痊愈得快,可能是因为他们移情于此的缘故。

　　集邮还能促进各民族、各地区、各国之间的文化交流。中国曾发行过一套"民居"邮票,把中国南北各地典型的民宅逐一介绍。近年来,不少国家都发行了中国邮票,如圣马利诺发行了"世界名城——北京"邮票,马绍尔共和国发行了"苏州园林"邮票,密克罗尼西亚发行了"天坛"邮票,美国发行了中国"生肖"邮票。

　　集邮在中国已形成一项广泛的群众性活动,它不分男女老少,均可参加。据统计,集邮协会的会员已发展到200多万人,集邮爱好者约1500万人。目前,集邮活动不仅人数大大增加,而且质量也提高了。许多集邮者不仅收集国内邮票,还收集外国邮票,收藏的目的各种各样。可以肯定,中国的集邮事业在不远的将来会有更广泛的发展。

(根据《百科知识》1995年第9期文章改写)

选择正确答案

1. 第一段"痊愈"是什么意思?
   A. 病好了　　B. 病重了　　C. 病死了　　D. 病昏了
2. 第二段"逐一"是什么意思?
   A. 一次一次地　　B. 一个一个地　　C. 慢慢地　　D. 快快地
3. 为什么说邮票是一个国家的名片?

A. 因为每个国家的邮票都印有领导人的照片
B. 因为每个国家的邮票都印有首都的照片
C. 因为每个国家的人都把邮票当名片用
D. 因为每个国家的邮票都有自己国家的特点

4. 人们为什么喜欢集邮？
A. 因为集邮的人都可以当老板
B. 因为集邮能使女人漂亮
C. 因为集邮可以学到很多知识
D. 因为集邮能使人变得有名

5. 下面哪句话正确？
A. 集邮者只收集国内的邮票，不收集外国邮票
B. 只有成人、男人可以集邮，小孩、女人不能集邮
C. 每个国家都只发行介绍自己国家的邮票，不发行介绍外国的邮票
D. 集邮可能对集邮者的身体有好处

生　词

文明　wénmíng　（名、形）　civilization;civilized　社会发展到较高阶段和具有较高文化。
瞩目　zhǔmù　　很注意地看。
融汇　rónghuì　（动）　combine together;fuse　几种不同的事物合成一体。
发行　fāxíng　（动）　issue;publish　发出新印制的货币、债券或新出版的书刊等。
广泛　guǎngfàn　（形）　extensive;wide-ranging　涉及的方面广，范围大：～的影响。
缘故　yuángù　（名）　原因：他到这时候还没来，不知什么～。

第三十课

单元复习

一、技　　能

下列句子,哪些不重要的词语可以略去不看,请在下面划线

1. 黄必青教授研制成的"必青神鞋",能治疗高血压、支气管炎、关节炎、肠胃病、神经衰弱、更年期综合症等多种疾病。
2. 王苹是个集邮迷,收集的邮票多得很,中国的、外国的,贵的、便宜的,单张的、成套的,动物的、植物的、人物的……满满二十几个集邮本。
3. 北京图书馆历史悠久、规模宏大、藏书丰富、种类齐全,是中国最大最重要的图书馆。
4. 林老师的女儿漂亮极了,大大的眼睛、弯弯的眉毛、小巧的嘴巴、白里透红的脸蛋,简直像画出来的一样。
5. 他哥哥去过北京、天津、上海、南京、杭州、苏州、成都、重庆、昆明等许多城市。

找出下列句子的主干

1. 中国是一个幅员广大、历史悠久、人口众多,但是目前科学技术还不太发达、人民生活水平比较低的发展中国家。
2. 为了方便和远在千里之外的年老的父母联系,李宏志最近回老家的时候,花了三千多块钱给父母装了一部长途直拨电话。
3. 十年不见,当年那位头发黄黄、身子单薄、爱向妈妈撒娇的小女孩,已经长成一个亭亭玉立、婀娜多姿的漂亮姑娘。
4. 退休以后,在老伴的带动下,张先生每天早晨都跟一群老年人一起到北海公园打太极拳。

5. 1997年5月6日,在第44届世界乒乓球锦标赛中取得优异成绩的中国乒乓球队乘飞机从英国曼彻斯特回到首都北京。
6. 有着悠久历史和光辉灿烂的古代文化的北京城,每天都吸引着成千上万的来自世界各地的游客。

给下列句子填上合适的关联词语

1. ＿＿＿你有钱还是没钱,我＿＿＿爱你。
2. ＿＿＿我整个晚上不睡觉,＿＿＿做不完这么多作业。
3. ＿＿＿我很想有一个高级照相机,＿＿＿我没有那么多钱买。
4. ＿＿＿不怕困难的人,＿＿＿有可能成功。
5. 他俩＿＿＿在学习上互相帮助,＿＿＿在生活上互相关心、互相照顾。
6. 那天我掉进了海里,＿＿＿不是他救了我,我＿＿＿不在这个世界上了。

二、阅读训练

阅读 1

海底世界

填　空

1. 海底有＿＿＿、＿＿＿、盆地和深谷。
2. 太平洋西部的＿＿＿＿＿＿,深达11034米。
3. 海底有动物,也有＿＿＿。
4. 在中国海南岛东北方海底,发现了＿＿＿。

　　蓝色的海洋令人神往,那深邃莫测的海底更给人一种神秘的感觉。海底到底是怎样的世界呢？

　　就像陆地上一样,海底也有高山、平原、盆地和深谷。如太平洋西部深达11034米的马里亚纳海沟,如果把喜马拉雅山填进去,那么,它的峰顶离海面还差2185米呢。在希腊的爱奥尼亚海底,有一个每天"喝"3万吨海水的无底洞,科学家们千方百计寻找这个洞的出口,至今没有找到。

有些海域的海底，生活着许多动物，如海星、海胆、虾和蟹等，还生长着一些大型藻类植物如褐藻等。

　　海底还有村庄。在我国海南岛东北方，水下有农田、房屋、水井、砖墙和断碑。据记载，这些村庄遗址是1605年7月的一次地震后沉下海底的。

（根据《十万个为什么》改写）

生　　词

神往　shénwǎng　（动）　be carried away; be charmed　心里向往。
深邃　shēnsuì　（形）　deep; profound　深；深奥。
莫测　mòcè　（动）　unfathomable　没法揣测。
海沟　hǎigōu　（名）　oceanic trench　深度超过6000米的狭长的海底凹地。
遗址　yízhǐ　（名）　ruins; relics　毁坏的年代较久的建筑物所在的地方。

阅读 2

澳洲的房车公园

　　房车公园在澳大利亚非常多，不少中小城市和景点附近都有，有的还不止一个。公园里没有房屋，只停着一排排样子像车，实际上是简易房屋的房车，专供游人住宿。

　　这些房车设备齐全。有双人床、上下铺的单人床；有整套的厨房设备；还有吃饭的桌椅、电视机、衣柜。这里全天供电供水，还有热水。有的房车内有卫生间，没有卫生间的在房子旁边有公共洗澡房、厕所和洗衣房。每间房车旁边都有一块平地，供停车用。旅客在离开前都自觉把房车内外打扫干净，把厨房里的东西洗干净，按原来的样子放好。

　　这种房车非常适合一家四五口人旅游时住，收费也不高，每晚大约30～40澳元，比住宾馆便宜多了。游客白天去附近的景点玩，晚上住房车，自己做晚饭、洗衣服、看电视，就像在家里一样方便、舒适，所以许多旅游度假者选择住房车。

（根据《中国旅游报》1997年7月15日梁若虹文章改写）

选择正确答案

1. 第一段"景点"是什么意思?
   A. 风景　　B. 地点　　C. 时间　　D. 风景区
2. 第一段"简易"是什么意思?
   A. 简单的　　B. 容易的　　C. 简单而容易的　　D. 复杂而麻烦的
3. 澳大利亚也可以叫什么?
   A. 澳洲　　B. 美洲　　C. 亚洲　　D. 利亚
4. 房车是什么?
   A. 一种房子　　B. 一种车　　C. 一种衣柜　　D. 一种公园
5. 住房车的一般是什么人?
   A. 卖东西的人　　B. 旅游的人　　C. 看病的人　　D. 修车的人
6. 下面哪个不是住房车的好处?
   A. 价钱比宾馆便宜　　　B. 可以一家人一起住
   C. 像在家里一样方便　　D. 像高级宾馆一样漂亮

生　词

供　gōng　(动)　supply;for the use or covenience of　提供某种利用的条件:～旅客休息。

阅读 3

日本孩子无童年

很多日本人都说,现在的孩子太不像孩子了!这不只是因为他们少年老成,更因为他们的生活方式与整天忙碌而且充满压力的大人已经没有什么两样了。

近年来,日本儿童的数目在日本总人口中占的比例越来越低,现在的比例是16.5%,还不到1950年的一半。孩子少了,父母在精神、物质方面的照顾当然无微不至。30%的小学生、50%的中学生有自己的房间;20%的小学生有自己的电视。此外,父母还让孩子学习各种本领。培养"明日之星"的儿童戏剧舞蹈班处处人满为患,各种儿童绘画班、钢琴班、电脑班、外语班也是门庭若市。不少孩子是同时参加几个班的学习。

孩子们这种像大人一样的忙碌生活,也使他们像大人一样感到有种种压力。为了消除压力,他们也接受针灸治疗、洗桑拿浴;为了补充活力,他们喝各种各样的儿童口服液。看起来,现在的日本儿童特别幸福,大人把什么事都为他们考虑到了,他们只需按照父母安排好的路走下去就行了。但从另一方面看,他们也太忙碌了,一切都用于为将来做准备,真正需要抓住的现在,却没有注意到,等于跳过童年直接进入成年。人生的乐趣不是白白少了一段?

(根据《家庭》1996年文章改写)

选择正确答案

1. 正常的童年应该是怎么样的?
    A. 快乐地玩,没有压力　　　　　　B. 紧张地学习,压力很大
    C. 为父母做很多事情　　　　　　　D. 天天参加各种学习班
2. 现在日本的儿童怎么样?
    A. 快乐地玩,没有压力　　　　　　B. 紧张地学习,压力很大
    C. 为父母做很多事情　　　　　　　D. 没有吃的,没有穿的
3. 日本的儿童为什么过得那么累?
    A. 父母让孩子为自己做很多事　　　B. 父母让孩子学习很多东西
    C. 国家的经济情况不太好　　　　　D. 家里的经济情况不太好
4. 第二段"门庭若市"是什么意思?
    A. 门口和庭院热闹得像市场一样　　B. 门口和庭院冷清得像沙漠一样
    C. 门口和庭院的样子像市场　　　　D. 门口和庭院的样子像沙漠
5. 第三段"口服液"是什么意思?
    A. 一种玩的东西　　　B. 一种喝的东西
    C. 一种用的东西　　　D. 一种吃的东西
6. 文章作者对日本儿童的情况感到怎么样?
    A. 高兴　　B. 可惜　　C. 难过　　D. 气愤

生　词

老成　lǎochéng　(形)　experienced; steady　经历多,做事稳重。
无微不至　wúwēibùzhì　meticulously; in every possible way　指对人非常细心周到:妈妈～地关心孩子。

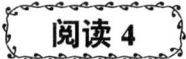

一个没有市内公交车的城市

泉州是闻名全国的历史文化名城、侨乡,又是一个迅速发展的开放城市。然而,当你站在泉州繁华的街头,在川流不息的车辆中寻找公交车的时候,也许你不会相信,近 50 万人口的泉州,竟是一个没有市内公交车的城市。一千多辆摩托车和几百辆人力三轮车日夜奔忙在大街小巷,运送乘客,成了市内客运的主要工具。相比之下,"的士"、"中巴"的作用要小得多。

在交通繁忙的路口,在长途汽车站的出口,在大酒店、大宾馆的出口,在市民集居的巷口,戴着头盔、跨坐在摩托车上的司机们随时听从你的召唤。客人稍有表示,他们就立刻迎上,载着客人迅速而去。到了晚上,摩托车更成了借住在市民小巷的成百上千在歌舞厅、卡拉OK厅服务的小姐们理想的交通工具。只见摩托司机们载着花枝招展的小姐们从小巷鱼贯而出,奔驰在繁华的街道上。

泉州的三轮车和上海的三轮车是完全不同的。泉州的三轮车称为"边三轮"。它其实就是在一部自行车旁边加一个装有一个轮子的车斗。车斗前后可各坐一个人,车斗上装有塑料布篷,可挡太阳和风雨,样子比上海的三轮车土得多了。不过,坐着它慢慢地观赏两边的街景,倒也很有意思。

　　人们不禁会问：泉州不是一个经济繁荣、发展迅速的城市吗？怎么会是这样的呢？不错，泉州是一个商品经济相当发达、老百姓相当富裕、市政建设相当现代化的城市，但在市内客运方面确实如此。那么，是什么原因呢？

　　一是泉州城内多是窄街小巷，就连泉州人引以自豪、视为中心的中山路也只有三辆小汽车的宽度，如果两辆公交大客车交汇而过，那骑车的人恐怕都要被赶上人行道了。

　　二是泉州人都比较富裕，家里有摩托车、小汽车的非常多，这些人谁还会去坐公交车呢？

　　三是泉州人一天活动最忙的时候是晚上，深夜一二点，夜总会依然歌舞升平，大排档依然饮酒谈笑。如果这个时候要回家，公交车能等到这么晚吗？所以，虽然泉州现在新建了几条大马路，但公交车却始终没有出现。没有实际作用的事，泉州人是不会干的。

　　即使如此，泉州仍是一座美丽而充满活力的城市。

（根据《新民晚报》1997年2月项枚文章改写）

一、猜词练习

1. 第一段"侨乡"是什么意思？
   A. 华侨　　B. 家乡　　C. 华侨的家乡　　D. 有桥的村子
2. 第一段"公交车"是什么意思？
   A. 公共交通汽车　　B. 私人小汽车　　C. 人力三轮车　　D. 私人摩托车
3. 第一段"客运"是什么意思？
   A. 请客吃饭　　B. 运送乘客　　C. 欢迎客人　　D. 运动身体
4. 第二段"头盔"是什么意思？
   A. 一种鞋　　B. 一种手表　　C. 一种帽子　　D. 一种裙子
5. 第二段"召唤"是什么意思？
   A. 叫人来　　B. 赶人走　　C. 等朋友　　D. 扔东西

二、选择正确答案

1. 泉州最主要的交通工具是哪两种车？
   A. 的士　　B. 中巴　　C. 摩托车　　D. 三轮车

2. 第二段主要介绍泉州的什么？
   A. 三轮车   B. 摩托车   C. 夜总会   D. 服务小姐
3. 第三段主要介绍泉州的什么？
   A. 三轮车   B. 摩托车   C. 自行车   D. 街景
4. 下面哪一个不是造成泉州没有公交车的原因？
   A. 公交车和三轮车   B. 的士和中巴
   C. 摩托车和三轮车   D. A 和 C

生　词

繁华　fánhuá　（形）　flourishing;prosperous　经济或事业蓬勃发展;昌盛。
川流不息　chuānliúbùxī　flowing past in an endless stream　行人、车马等像水流一样连续不断。
花枝招展　huāzhīzhāozhǎn　for women to be gorgeously dressed　形容妇女打扮得十分艳丽。
鱼贯　yúguàn　（副）　one following the other　像游鱼一样一个挨一个地接连着：～而行。
奔驰　bēnchí　（动）　车、马等很快地跑。
富裕　fùyù　（形）　prosperous;well-to-do　财物充裕。
夜总会　yèzǒnghuì　（名）　nightclub　夜间玩乐的场所。
大排档　dàpáidàng　（名）　街边小吃店。

部分练习参考答案

第一课
阅读1　1.D　2.A　3.C　4.A　5.C　6.C　7.D
阅读2　1.(×)　2.(√)　3.(×)
阅读3　1.(273)　2.(19)　3.(33)　4.(56)　5.(66)　6.(30)　7.(4)　8.(370)　9.(4)
阅读4　1.(×)　2.(√)　3.(√)　4.(√)　5.(√)

第二课
阅读1　1.A　2.D　3.A　4.D　5.B　6.B
阅读2　1.(×)　2.(√)　3.(√)　4.(×)　5.(×)　6.(×)　7.(√)　8.(×)
阅读3　1.(√)　2.(√)　3.(×)　4.(×)　5.(×)　6.(√)

第三课
阅读1　1.C　2.A　3.D　4.B　5.B
阅读2　1.(√)　2.(√)　3.(√)
阅读3　1.(√)　2.(×)　3.(×)　4.(×)　5.(×)　6.(×)
阅读4　1.(×)　2.(√)　3.(√)　4.(√)　5.(√)　6.(√)

第四课
阅读1　1.D　2.B　3.B　4.B　5.C　6.A
阅读2　1.(×)　2.(√)　3.(×)　4.(×)　5.(√)　6.(√)　7.(×)　8.(√)
阅读3　1.D　2.D　3.A　4.B　5.B

第五课
阅读1　1.(×)　2.(√)　3.(√)　4.(×)
阅读2　1.(√)　2.(×)　3.(√)
阅读3　1.B　2.D　3.D　4.C
阅读4　1.D　2.C　3.D　4.B　5.B　6.C

第六课
阅读1　1.C　2.A　3.A　4.D　5.C
阅读2　1.(√)　2.(×)　3.(√)　4.(√)
阅读3　1.(×)　2.(√)　3.(×)　4.(√)　5.(√)　6.(×)
阅读4　1.D　2.A　3.C　4.B　5.B　6.A

第七课
阅读1　1.(5)　2.(14)　3.(11)　4.(13)　5.(3)　6.(4)　7.(1)　8.(12)
阅读2　1.(15)　2.(45)　3.(44)　4.(29)　5.(55)　6.(70)　7.(56)
阅读3　1.200～271　2.1～107　3.479～493　4.467～475　5.107～200
　　　　6.385～403　7.271～385　8.576～638　9.408～435

阅读4　1.(×)　2.(√)　3.(√)　4.(×)　5.(×)

第八课

阅读1　1.(15)　2.(12)　3.(4)　4.(9)　5.(18)　6.(14)　7.(17)　8.(6)　9.(7)

阅读2　1.(二,7)　2.(一,5)　3.(一,6)　4.(二,3)　5.(二,2)　6.(二,9)　7.(二,8)
　　　8.(一,4)　9.(二,5)

阅读3　1.(113)　2.(230)　3.(317)　4.(94)　5.(215)　6.(288)　7.(388)　8.(205)
　　　9.(168)　10.(125)

阅读4　1.(√)　2.(×)　3.(√)　4.(×)　5.(×)　6.(√)　7.(×)

第九课

阅读1　1.(四,271)　2.(五,342)　3.(三,231)　4.(三,179)　5.(五,312)　6.(一,17)
　　　7.(三,192)

阅读2　1.(×)　2.(√)　3.(×)　4.(√)　5.(√)　6.(√)

阅读3　1.D　2.D　3.B　4.B　5.D

阅读4　1.C　2.A　3.A　4.D　5.B　6.C　7.C

第十课

阅读1　(一)1.(√)　2.(×)　3.(×)　4.(√)　5.(√)　6.(√)　7.(×)
　　　(二)1.C　2.C　3.D　4.A　5.C　6.A　7.C

阅读2　1.B　2.D　3.C　4.B　5.A　6.B　7.D　8.B

阅读3　(一)1.(√)　2.(×)　3.(√)　4.(×)　5.(×)　6.(√)
　　　(二)1.D　2.E　3.F　4.B　5.C　6.A

阅读4　1.无　2.不是　3.有　4.有　5.无　6.汽车驾驶、美容　7.无　8.有　9.有
　　　10.有

第十一课

阅读1　1.(√)　2.(×)　3.(×)　4.(×)　5.(√)　6.(√)　7.(×)

阅读2　1.B　2.B　3.B　4.B　5.C　6.C　7.A　8.D

阅读3　1.(×)　2.(√)　3.(√)

阅读4　1.(√)　2.(×)　3.(×)　4.(√)　5.(√)　6.(×)　7.(×)

第十二课

阅读1　1.D　2.B　3.C　4.B　5.A　6.B

阅读2　1.19.9℃　2.春城　3.300　4.北方寒潮由于路途遥远和高山的阻挡,很难对昆明
　　　有太大的影响　5.18℃

阅读3　1.(√)　2.(×)　3.(×)　4.(√)　5.(×)

第十三课

阅读1　1.(√)　2.(×)　3.(√)　4.(√)

阅读2　1.(6)　2.(5)　3.(3)　4.(1、2)

阅读3　1.6000万　2.6500万　3.中西部　4.4000万　5.本世纪末

阅读4　1.不是　2.昆明　3.学习　4.游览　5.40年代　6.抒情的

阅读5　1.0：37　2.10分钟　3.20：27　4.株洲　5.16分钟　6.21：32　7.不是

8.北京西—九龙

第十四课

阅读1　1.A　2.B　3.B　4.A　5.B　6.C

阅读2　1.(√)　2.(×)　3.(×)　4.(×)　5.(√)　6.(×)　7.(×)　8.(√)　9.(√)　10.(√)

阅读3　1.(德国)奔驰S320　2.(中国)长安面包　3.(中国)松花江面包　4.(中国)切诺基吉普车　5.(中国)红旗7200　6.(韩国)大宇沙龙

阅读4　1.汉语史稿　2.中文处理软件WORD　3.美国地理简介　4.彝族饮食介绍　5.六　6.91　7.七　8.中国古代思想史论

第十五课

阅读1　1.B　2.A　3.B　4.C　5.D

阅读2　1.B　2.A　3.B　4.C　5.D

阅读3　1.男人多　2.3.72　3.农民多　4.上海　5.哈尔滨　6.350万　7.644万

阅读4　1.新金涤纶、东华电脑、新疆友好　2.黔凯涤、深安达、中科健、苏三山　3.2　4.3

第十六课

阅读1　1.燕麦　2.陈良烈　3.十年　4.四万　5.七美分

阅读2　1.她问:"你喜欢我吗?"或者说:"我爱你。"　2.一个劲儿地快速扇扇子　3.我非常想念你　4.把扇子扔在桌上

阅读3　1.(×)　2.(√)　3.(√)　4.(×)　5.(√)

阅读4　1.A　2.B　3.D　4.B　5.D

阅读5　1.C　2.D　3.A　4.D　5.D　6.B

第十七课

阅读1　1.电视剧:鸦片战争(5)　东西南北中　2.7月19日(星期六)21:55　卫星台:英国足球比赛　7月19日(星期六)19:30　珠江台:体育世界　3.7月18日(星期五)18:20　广州台:流行歌曲　4.21:00　5.7月18日(星期五)21:05　卫星台

阅读2　1.(×)　2.(×)　3.(√)　4.(√)

阅读3　1.(√)　2.(×)　3.(√)　4.(√)　5.(√)　6.(√)

阅读4　1.B　2.A　3.C　4.D　5.A

阅读5　1.A　2.B　3.A　4.C　5.D　6.B　7.A　8.C

第十八课

阅读1　1.5月23～25日晚7:30～10:00　2.越秀山体育场　3.200元、50元　4.能　5.83333604、81708375

阅读2　1.农历三至十月　2.上午六点至九点、下午四点至七点　3.上午十点至下午三点　4.15℃～30℃

阅读3　1.B　2.A　3.B　4.C

阅读4　1.D　2.A　3.D　4.C　5.D　6.C　7.C　8.C

阅读5　1.A　2.C　3.B　4.D　5.B　6.D　7.B　8.A

第十九课

阅读1　1.83336389　2.98030-22228　3.广东天美食品公司　4.天河西　5.张伟平

阅读2　1.两　2.鳄鱼　3.2%

阅读3　1.(×)　2.(×)　3.(√)　4.(√)　5.(×)　6.(√)

阅读4　(一)1.(√)　2.(×)　3.(√)　4.(×)
　　　　(二)1.B　2.A　3.D

阅读5　1.A　2.B　3.B　4.D　5.B　6.C

第二十课

阅读1　1.小偷　2.大百货公司　3.100~150　4.那些时刻都想偷东西的人

阅读2　1.(√)　2.(×)　3.(√)　4.(√)　5.(×)

阅读3　(一)1.A　2.C　3.C　4.C
　　　　(二)1.B　2.A　3.B　4.B　5.A　6.C

阅读4　1.A　2.B　3.B　4.C　5.A　6.B　7.B

第二十一课

阅读1　1.广州市菜篮子报价中心　2.2.80　3.22.40　4.生菜　5.菜心　6.11.00

阅读2　1.意大利　2.高不到2米、长约5米　3.450千克　4.330千米　5.因为整架飞机重250千克

阅读3　1.D　2.A　3.B　4.D　5.B　6.B

阅读4　1.A　2.C　3.C　4.D　5.D　6.D　7.C

阅读5　1.A　2.C　3.D　4.A　5.D　6.C

第二十二课

阅读1　1.黄豆　2.鸡肝　3.虾皮　4.黑木耳

阅读2　1.(√)　2.(×)　3.(√)　4.(×)　5.(√)

阅读3　1.(√)　2.(×)　3.(×)　4.(√)　5.(√)　6.(√)

阅读4　1.B　2.A　3.D　4.D　5.B

阅读5　1.A　2.C　3.D　4.A

第二十三课

阅读1　1.(3)　2.(4)　3.(38)　4.(25)　5.(20)

阅读2　1.5　2.32　3.广告员　4.有关证件　5.广州市广州大道中289号《经济快报》社　6.(020)87373979

阅读3　1.有1/4的土地低于海平面　2.土地少　3.抽水　4.地少人多、房屋紧张

阅读4　1.A　2.C　3.C　4.B　5.B　6.A　7.D

阅读5　1.A　2.C　3.D　4.A　5.C

第二十四课

阅读1　1.7.5亿　2.电视机　3.90亿　4.235万　5.600万

阅读2　1.(√)　2.(√)　3.(×)　4.(×)

阅读3　1.纤维素　2.消化、吸收　3.有害物质　4.青豆、青菜和水果

阅读4　1.B　2.A　3.D　4.D　5.C

阅读5　1.A　2.B　3.D　4.C

第二十五课

阅读1　1.35％　2.44％　3.一般　4.10％　5.德国
阅读2　1.A　2.D　3.A　4.C　5.D
阅读3　1.C　2.A　3.C　4.A　5.D
阅读4　1.B　2.A　3.B　4.B　5.D　6.D　7.B

第二十六课

阅读1　1.16世纪的印第安人　2.8厘米　3.摄影师阿方索·马尔古埃　4.40倍显微镜　5.12
阅读2　1.B　2.A　3.B
阅读3　(一)1.(√)　2.(×)　3.(√)　4.(×)
　　　 (二)1.C　2.A　3.B　4.D　5.D　6.A
阅读4　1.A　2.D　3.C　4.D　5.B　6.D

第二十七课

阅读1　1.大机关、大企业　2.多　3.35％　4.3000
阅读2　1.登广告　2.15　3.28　4.1000多　5.精神病
阅读3　1.A　2.D　3.D　4.C　5.D　6.D
阅读4　1.B　2.B　3.D　4.A　5.D

第二十八课

阅读1　1.史姐尔·雷蒙和她的三个女儿　2.4月8日　3.不多　4.没有
阅读2　1.C　2.A　3.D　4.D　5.A　6.D
阅读3　1.D　2.C　3.B　4.B　5.B　6.B　7.C
阅读4　1.B　2.D　3.D　4.A　5.D　6.D

第二十九课

阅读1　1.三百　2.空气　3.天竺葵　4.菊花　5.香囊
阅读2　1.A　2.C　3.D　4.A　5.D　6.C
阅读3　(一)1.(√)　2.(×)　3.(×)　4.(×)　5.(√)
　　　 (二)1.C　2.A　3.D　4.C　5.A
阅读4　1.A　2.B　3.D　4.C　5.D

第三十课

阅读1　1.高山、平原　2.马里亚纳海沟　3.藻类植物　4.村庄
阅读2　1.D　2.A　3.A　4.A　5.B　6.D
阅读3　1.A　2.B　3.B　4.A　5.B　6.B
阅读4　(一)1.C　2.A　3.B　4.C　5.A
　　　 (二)1.C　2.B　3.A　4.D

词汇总表

A

| 癌 | ái | (名) | 26 |
| 爱惜 | àixī | (动) | 16 |

B

摆设	bǎishe	(名)	11
摆脱	bǎituō	(动)	10
拜访	bàifǎng	(动)	18
保存	bǎocún	(动)	3
保守	bǎoshǒu	(形)	19
报答	bàodá	(动)	25
暴雨	bàoyǔ	(名)	18
悲痛	bēitòng	(形)	17
背景	bèijǐng	(名)	9
奔驰	bēnchí	(动)	30
鼻涕	bítì	(名)	27
编号	biānhào	(名)	25
编辑	biānjí	(名、动)	23
比丘尼	bǐqiūní	(名)	7
贬值	biǎnzhí	(动)	25
辫子	biànzi	(名)	8
标本	biāoběn	(名)	3
病菌	bìngjūn	(名)	29
病魔	bìngmó	(名)	28
钵子	bōzi	(名)	16
不料	bùliào	(动)	3
不厌其烦	bùyànqífán		21
不知不觉	bùzhībùjué		22
补品	bǔpǐn	(名)	22

| 布局 | bùjú | (名) | 2 |

C

财经	cáijīng	(名)	7
采集	cǎijí	(动)	18
残存	cáncún	(动)	30
残疾	cánjí	(名)	20
灿烂	cànlàn	(形)	17
操纵	cāozòng	(动)	7
嘈杂	cáozá	(形)	20
测量	cèliáng	(动)	5
侧面	cèmiàn	(名)	9
差距	chājù	(名)	13
查询	cháxún	(动)	1
单于	chányú	(名)	15
氅	chǎng	(名)	12
长寿	chángshòu	(形)	19
赤道	chìdào	(名)	2
充气	chōngqì		6
崇拜	chóngbài	(动)	8
崇敬	chóngjìng	(动)	20
宠物	chǒngwù	(名)	8
绸缎	chóuduàn	(名)	24
出嫁	chūjià	(动)	26
出人意料	chūrényìliào		11
出息	chūxi	(名)	21
出租	chūzū	(动)	19
除去	chúqù	(动)	25
储存	chǔcún	(动)	19
川流不息	chuānliúbùxī		30
传动	chuándòng	(动)	6

243

传教士	chuánjiàoshì	(名)	2
传真	chuánzhēn	(动、名)	27
串	chuàn	(量)	4
炊烟	chuīyān	(名)	26
辞	cí	(动)	24
慈悲	cíbēi	(形)	11
刺	cì	(动、名)	16
粗糙	cūcāo	(形)	3

D

大纲	dàgāng	(名)	20
大路货	dàlùhuò	(名)	13
大排档	dàpáidàng	(名)	30
导致	dǎozhì	(动)	9
道德	dàodé	(名、形)	8
底价	dǐjià	(名)	5
地地道道	dìdìdàodào	(形)	3
地位	dìwèi	(名)	13
颠倒	diāndǎo	(动)	1
典籍	diǎnjí	(名)	22
典型	diǎnxíng	(形)	2
雕刻	diāokè	(动)	2
吊销	diàoxiāo	(动)	6
顶	dǐng	(动、名)	27
毒	dú	(名)	22
短缺	duǎnquē	(形)	5
兑	duì	(动)	1

E

恶劣	èliè	(形)	13
而立之年	érlìzhīnián		16

F

发行	fāxíng	(动)	29
发芽	fāyá	(动)	14
发育	fāyù	(动)	10
繁荣	fánróng	(形)	30
坊	fáng	(名)	17
防伪线	fángwěixiàn	(名)	1
防御	fángyù	(动)	6
妃子	fēizi	(名)	15
肥沃	féiwò	(形)	6
分享	fēnxiǎng	(动)	27
奋发向上	fènfāxiàngshàng		2
风车	fēngchē	(名)	23
风靡	fēngmǐ	(动)	28
奉献	fèngxiàn	(动)	26
浮游生物	fúyóushēngwù	(名)	24
富裕	fùyù	(形)	30

G

钙	gài	(名)	22
概况	gàikuàng	(名)	8
尴尬	gāngà	(形)	19
告诫	gàojiè	(动)	5
各得其所	gèdéqísuǒ		20
个性	gèxìng	(名)	9
供不应求	gōngbùyìngqiú		29
公爵	gōngjué	(名)	22
公开	gōngkāi	(动、形)	29
功率	gōnglǜ	(名)	21
宫廷	gōngtíng	(名)	13
股票	gǔpiào	(名)	7
乖	guāi	(形)	26
棺材	guāncai	(名)	27
观感	guāngǎn	(名)	8
观望	guānwàng	(动)	19
惯	guàn	(动)	10

灌溉	guàngài	(动)	5
光秃秃	guāngtūtū	(形)	27
广泛	guǎngfàn	(形)	29
孤立	gūlì	(形、动)	9
规范	guīfàn	(形、动)	6
归宿	guīsù	(名)	26
国际象棋	guójìxiàngqí	(名)	4
国学	guóxué	(名)	7

H

海拔	hǎibá	(名)	2
海沟	hǎigōu	(名)	30
海鲜	hǎixiān	(名)	15
含	hán	(动)	22
寒潮	háncháo	(名)	12
寒暄	hánxuān	(动)	10
航班	hángbān	(名)	7
行情	hángqíng	(名)	7
好评	hǎopíng	(名)	9
耗	hào	(动)	3
好奇	hàoqí	(形)	17
和睦	hémù	(形)	20
烘托	hōngtuō	(动)	23
胡	hú	(形)	17
户籍	hùjí	(名)	15
户口	hùkǒu	(名)	12
花骨朵	huāgūduo	(名)	13
花枝招展	huāzhīzhāozhǎn		30
化纤	huàxiān	(名)	22
化妆品	huàzhuāngpǐn	(名)	14
华丽	huálì	(形)	6
怀孕	huáiyùn	(动)	28
患	huàn	(动)	5
换手率	huànshǒulǜ	(名)	15
黄发垂髫	huángfàchuítiáo		7
恍惚	huǎnghū	(形)	12
辉煌	huīhuáng	(形)	1
汇价	huìjià	(名)	1

活跃	huóyuè	(形)	18
火药	huǒyào	(名)	1
货币	huòbì	(名)	1

J

机构	jīgòu	(名)	7
机关	jīguān	(名)	27
积聚	jījù	(动)	22
急救	jíjiù	(动)	1
急剧	jíjù	(形)	12
吉普车	jípǔchē	(名)	3
集体	jítǐ	(名)	18
忌讳	jìhuì	(动)	10
计较	jìjiào	(动)	10
夹	jiā	(动)	16
嘉宾	jiābīn	(名)	18
加工	jiāgōng	(动)	25
加剧	jiājù	(动)	5
家具	jiājù	(名)	10
家喻户晓	jiāyùhùxiǎo		13
驾驶执照	jiàshǐzhízhào		6
价廉物美	jiàliánwùměi		17
简化字	jiǎnhuàzì	(名)	6
讲求	jiǎngqiú	(动)	4
奖状	jiǎngzhuàng	(名)	18
交际	jiāojì	(动)	17
搅动	jiǎodòng	(形)	15
脚踏板	jiǎotàbǎn	(名)	6
教堂	jiàotáng	(名)	26
接受	jiēshòu	(动)	25
节能	jiénéng		19
节奏	jiézòu	(名)	5
金榜	jīnbǎng	(名)	22
金额	jīn'é	(名)	1
紧急	jǐnjí	(形)	1
经历	jīnglì	(名、动)	29
精力	jīnglì	(名)	18
惊险	jīngxiǎn	(形)	23

警告	jǐnggào	(动)	20	流行	liúxíng	(动、形)	17
境界	jìngjiè	(名)	12	聋哑人	lóngyǎrén	(名)	5
纠正	jiūzhèng	(动)	16	陆地	lùdì	(名)	23
九牛二虎之力	jiǔniú'èrhǔzhīlì		17	裸体	luǒtǐ	(名)	26
				络绎不绝	luòyìbùjué		17
旧址	jiùzhǐ	(名)	11	率	lǜ	(名)	22
聚	jù	(动)	24				
据理力争	jùlǐlìzhēng		11	**M**			
巨型	jùxíng	(形)	16				
绝交	juéjiāo	(动)	19	麻将	májiàng	(名)	17
均衡	jūnhéng	(形)	24	麻子	mázi	(名)	17
				蛮横	mánhèng	(形)	10
K				埋怨	mányuàn	(动)	28
				冒犯	màofàn	(动)	10
考究	kǎojiu	(动、形)	15	美钞	měichāo	(名)	1
考验	kǎoyàn	(动)	19	美容	měiróng	(动)	10
科举	kējǔ	(名)	22	迷	mí	(名、动)	27
客	kè	(名)	13	迷路	mílù		8
刻骨铭心	kègǔmíngxīn		19	谜	mí	(名)	29
口号	kǒuhào	(名)	11	觅	mì	(动)	12
叩	kòu	(动)	10	面临	miànlín	(动)	5
叩头	kòutóu	(动)	10	民航	mínháng	(名)	7
夸张	kuāzhāng	(形)	5	模特儿	mótèr	(名)	27
				莫测	mòcè	(动)	30
L				墓	mù	(名)	9
来源	láiyuán	(动)	5	**N**			
狼藉	lángjí	(形)	28				
老成	lǎochéng	(形)	30	闹剧	nàojù	(名)	20
礼仪	lǐyí	(名)	8	内向	nèixiàng	(形)	23
历尽艰辛	lìjìnjiānxīn		4	尼龙	nílóng	(名)	22
利润	lìrùn	(名)	4	拟	nǐ	(动)	18
立宪	lìxiàn		9	腻	nì	(形)	17
链条	liàntiáo	(名)	6				
了如指掌	liǎorúzhǐzhǎng		17	**O**			
零件	língjiàn	(名)	3				
零售	língshòu	(动)	21	偶	ǒu	(名)	12
领悟	lǐngwù	(动)	12	偶然	ǒurán	(形)	18
硫化物	liúhuàwù	(名)	24	偶像	ǒuxiàng	(名)	8

P

拍卖	pāimài	（动）	5
拍摄	pāishè	（动）	28
蹒跚	pánshān	（形）	23
盘膝而坐	pánxī'érzuò		11
培养	péiyǎng	（动）	17
培育	péiyù	（动）	19
烹调	pēngtiáo	（动）	8
翩翩	piānpiān	（形）	21
贫困	pínkùn	（形）	13
品	pǐn	（动）	10
品德	pǐndé	（名）	10
评价	píngjià	（名、动）	25
屏幕	píngmù	（名）	20
菩萨	púsà	（名）	2
瀑布	pùbù	（名）	14

Q

祈祷	qídǎo	（动）	26
奇迹	qíjì	（名）	24
奇妙	qímiào	（形）	21
乞丐	qǐgài	（名）	9
启示	qǐshì	（名）	18
启事	qǐshì	（名）	12
气氛	qìfēn	（名）	19
千古	qiāngǔ	（名）	28
迁移	qiānyí	（动）	2
潜	qián	（动）	21
虔诚	qiánchéng	（形）	28
侵扰	qīnrǎo	（动）	6
清扫	qīngsǎo	（动）	21
清真	qīngzhēn	（名）	7
情节	qíngjié	（名）	28
情趣	qíngqù	（名）	30
求租	qiúzū	（动）	19
权威	quánwēi	（形、名）	11
权益	quányì	（名）	11

R

瓤	ráng	（名）	19
忍俊不禁	rěnjùnbùjīn		18
人之常情	rénzhīchángqíng		9
日历	rìlì	（名）	7
融	róng	（动）	26
溶	róng	（动）	24
熔点	róngdiǎn	（名）	22
融合	rónghé	（动）	5
融汇	rónghuì	（动）	29
融洽	róngqià	（形）	19
荣誉感	róngyùgǎn	（名）	11
如数家珍	rúshǔjiāzhēn		17
入境	rùjìng		8
软件	ruǎnjiàn	（名）	14
若无其事	ruòwúqíshì		19

S

撒娇	sājiāo	（动）	26
塞外	sàiwài	（名）	14
擅长	shàncháng	（形）	15
社交	shèjiāo	（名）	8
设立	shèlì	（动）	9
射线	shèxiàn	（名）	22
深邃	shēnsuì	（形）	30
神往	shénwǎng	（动）	30
神经	shénjīng	（名）	19
生态平衡	shēngtàipínghéng		21
圣	shèng	（形）	21
失恋	shīliàn		21
失物	shīwù	（名）	8
食不厌精	shíbùyànjīng		24
石窟	shíkū	（名）	2
十全十美	shíquánshíměi		4
实心	shíxīn	（形）	6
收藏者	shōucángzhě	（名）	1
授予	shòuyǔ	（动）	6

梳	shū	（动）	8	温馨	wēnxīn	（形）	21
水印	shuǐyìn	（名）	1	文盲	wénmáng	（名）	10
顺序	shùnxù	（名）	25	文明	wénmíng	（形、名）	29
死记硬背	sǐjìyìngbèi		21	文献	wénxiàn	（名）	11
饲料	sìliào	（名）	5	无独有偶	wúdúyǒu'ǒu		19
饲养	sìyǎng	（动）	8	无量	wúliàng	（形）	27
松涛	sōngtāo	（名）	4	无微不至	wúwēibùzhì		30
送葬	sòngzàng	（动）	27	无中生有	wúzhōngshēngyǒu		2
肃然起敬	sùránqǐjìng		14	舞伴	wǔbàn	（名）	21
				悟	wù	（动）	16

T

塌方	tāfāng	（动）	14
贪婪	tānlán	（形）	11
烫发	tàngfà	（动）	21
淘金	táojīn	（动）	18
逃亡	táowáng	（动）	6
特意	tèyì	（副）	28
题词	tící	（动）	4
体积	tǐjī	（名）	16
天文学	tiānwénxué	（名）	1
调皮	tiáopí	（形）	10
停泊	tíngbó	（动）	23
挺	tǐng	（动）	20
统计	tǒngjì	（动）	15
投诉	tóusù	（动）	6
团体	tuántǐ	（名）	1
推心置腹	tuīxīnzhìfù		21
推荐	tuījiàn	（动）	14
驮	tuó	（动）	14

X

稀罕	xīhan	（形）	23
吸湿	xīshī	（动）	22
戏班子	xìbānzi	（名）	5
戏弄	xìnòng	（动）	21
狭隘	xiá'ài	（形）	25
下巴	xiàba	（名）	16
仙	xiān	（名）	9
显微镜	xiǎnwēijìng	（名）	26
羡慕	xiànmù	（动）	21
现役军人	xiànyìjūnrén		15
相对	xiāngduì	（副）	13
祥和	xiánghé	（形）	11
享受	xiǎngshòu	（动）	4
想像	xiǎngxiàng	（动）	29
相貌	xiàngmào	（名）	12
向往	xiàngwǎng	（动）	2
消耗	xiāohào	（动）	19
消化	xiāohuà	（动）	24
销售	xiāoshòu	（动）	16
效率	xiàolù	（名）	4
肖像	xiàoxiàng	（名）	6
携带	xiédài	（动）	21
新奇	xīnqí	（形）	27
信誉	xìnyù	（名）	11
性能	xìngnéng	（名）	21
性状	xìngzhuàng	（名）	22
凶神	xiōngshén	（名）	28

W

网	wǎng	（名）	25
旺季	wàngjì	（名）	14
危害	wēihài	（动）	22
维生素	wéishēngsù	（名）	22
萎缩	wěisuō	（动）	19
温饱	wēnbǎo	（形）	13
温文尔雅	wēnwén'ěryǎ		21

嗅	xiù	（动）	24		圆润	yuánrùn	（形）	25
宣言	xuānyán	（名）	11					
学究	xuéjiū	（名）	24			**Z**		
血压	xuèyā	（名）	5					
虚弱	xūruò	（形）	22		在乎	zàihu	（动）	28
驯服	xùnfú	（动、形）	29		栈	zhàn	（名）	7
					占领	zhànlǐng	（动）	9
	Y				战争	zhànzhēng	（名）	17
					招聘	zhāopìn	（动）	4
压力	yālì	（名）	24		遮	zhē	（动）	16
鸦片	yāpiàn	（名）	17		折叠	zhédié	（动）	6
演奏	yǎnzòu	（动）	20		珍惜	zhēnxī	（动）	28
燕麦	yànmài	（名）	16		征地	zhēngdì		10
宴请	yànqǐng	（动）	23		征婚	zhēnghūn		12
野心	yěxīn	（名）	11		症状	zhèngzhuàng	（名）	20
夜总会	yèzǒnghuì	（名）	30		支	zhī	（动）	16
一刹那	yīchànà	（名）	12		值钱	zhíqián	（形）	1
一个劲儿	yīgejìnr		16		指南针	zhǐnánzhēn	（名）	1
一霎时	yīshàshí	（名）	20		制剂	zhìjì	（名）	26
一致	yīzhì	（形）	9		智力	zhìlì	（名）	16
遗产	yíchǎn	（名）	14		治疗	zhìliáo	（动）	28
移居	yíjū	（动）	3		质朴	zhìpǔ	（形）	28
遗址	yízhǐ	（名）	30		中轴线	zhōngzhóuxiàn	（名）	2
义气	yìqì	（名）	9		中毒	zhòngdú	（动）	22
毅然	yìrán	（形）	22		皱	zhòu	（形）	22
意识	yìshí	（动）	10		拄	zhǔ	（动）	9
引起	yǐnqǐ	（动）	22		主导	zhǔdǎo	（形）	13
英才	yīngcái	（名）	10		瞩目	zhǔmù	（形）	29
英俊	yīngjùn	（形）	8		嘱托	zhǔtuō	（动）	28
营利	yínglì		6		转眼	zhuǎnyǎn	（副）	16
营养素	yíngyǎngsù	（名）	24		装扮	zhuāngbàn	（动）	18
应聘	yìngpìn	（动）	23		姿势	zīshì	（名）	21
佣人	yòngrén	（名）	9		资源	zīyuán	（名）	4
悠闲	yōuxián	（形）	4		自豪	zìháo	（形）	26
游牧	yóumù	（动）	6		自律	zìlǜ	（动）	11
有助于	yǒuzhùyú		29		自如	zìrú	（形）	29
鱼贯	yúguàn	（副）	30		阻挡	zǔdǎng	（动）	12
娱乐	yúlè	（名、动）	8					
宇宙飞船	yǔzhòufēichuán	（名）	29					
缘故	yuángù	（名）	29					

后 记

本书的编写开始于1996年。年初,北京大学出版社的郭力女士到中山大学组稿,初步谈到这个选题。8月,在北京怀柔举行的第五届国际汉语教学研讨会上,作者和编者进一步确定了这一选题。此后,编写工作全面展开。

本书由中山大学四位教师共同完成,有些问题由集体讨论决定,如练习的类型和具体形式。具体分工的情况如下:周小兵负责总体设计,全书的统阅和修正,Ⅱ册44～47课、50～55课、58、59课的编写;张世涛协助总体设计,Ⅰ册的统阅和修正,1～15课的编写;刘若云负责Ⅰ册16～30课的编写;徐霄英负责Ⅱ册31～43课、48～49课、56、57、60课的编写。

本书的编写,参考了下列文章、著作和教材:

陈贤纯《论初级阅读》,载《中国对外汉语教学学会第三次学术讨论会论文选》,北京语言学院出版社,1990年;

董味甘等《阅读学》,重庆出版社,1989年;

杜学增《快速阅读训练介绍》,载《基础教学论文集》,外语教学与研究出版社,1990年;

李世之《关于阅读教学的几点思考》,载《世界汉语教学》,1997年1期;

鲁宝元《对外汉语教学中的快速阅读训练》,载《中国对外汉语教学学会第三次学术讨论会论文选》,北京语言学院出版社,1990年;

鲁忠义《阅读理解的过程和影响理解的因素》,载《外语教学与研究》,1989年4期;

吕祥《阅读测试题型概述》,载《外语教学与研究》,1996年1期;

吴晓露《阅读技能训练》,载《语言教学与研究》,1991年1期;

吴晓露《汉语阅读技能训练教程》,北京语言学院出版社,1992年;

张树昌、杨俊萱《阅读教学浅谈》,载《语言教学经验研究》,1984年4期;

周小兵《第二语言教学论》,河北教育出版社,1996年;

朱纯《外语教学心理学》,上海外语教育出版社,1994年;

朱曼殊、缪小春《心理语言学》,华东师范大学出版社,1990年。

对上述作者我们表示感谢。

本书编写过程中,得到北京大学出版社的热情支持。尤其是北大出版社的郭力女士,对本书的编写给予了直接的指导。在此表示真挚的感谢。

编　者

1997年8月23日